KB264081

AI 시대, 챗GPT는 쓰지만 엔비디아는 놓쳤습니다

AI 시대, 챗GPT는 쓰지만 엔비디아는 놓쳤습니다

초판 1쇄 발행 2025년 12월 5일

지은이 백승호
펴낸이 김승현
외주 디자인 김민정

펴낸곳 도서출판 작은우주
주소 서울특별시 마포구 양화로 73, 6층 MS-8호
전화 031-318-5286 / **팩스** 0303-3445-0808 / **이메일** book-agit@naver.com
등록 2014년 7월 15일(제2019-000049호)

ISBN 979-11-994526-4-0 (03320)

북아지트는 작은우주의 성인단행본 브랜드입니다.

AI 시대, 챗GPT는 쓰지만 엔비디아는 놓쳤습니다

백승호 지음

일러두기

- 기준 시점: 이 책의 데이터와 분석은 2025년 8~11월을 기준으로 작성되었습니다. 시장 상황은 지속적으로 변화하므로 최신 정보를 함께 참고하시기 바랍니다. 모든 주식 가격은 현재 기준 조정 가격으로, 주식분할 등을 반영하여 현재 1주 기준으로 환산하였습니다.

- 투자책임: 이 책은 제가 투자 경험을 통해 얻은 관점과 조언을 나누고자 합니다. 다만 모든 투자에는 위험이 따릅니다. 각자의 재정 상황, 투자 목표, 위험 성향이 다르므로 본인의 상황에 맞게 조정하여 적용하고, 투자하시기 전에 본인만의 충분한 검토와 판단을 거쳐 신중하게 결정하시길 바랍니다.

AI를 사용한다면 투자도 시작하세요

"AI로 세상이 바뀐다!"

누구나 한 번쯤 들어봤을 말입니다. 적극적으로 동의하는 분도 있고, 아직은 좀 더 지켜봐야 한다는 분들도 있습니다. AI로 인해 꿈 같은 세상이 얼마나 가까워졌는지는 의견이 분분할 수 있지만, 대부분 챗GPT를 한 번쯤 사용해 보셨을 겁니다. AI 덕분에 부자가 된 사람들이 있다는 사실에도 대부분 고개를 끄덕입니다.

저는 기술과 경영, 두 세계를 모두 가까이서 경험한 사람입니다. 로봇공학을 전공하며 최신 기술을 공부했고, 컨설턴트로 일하며 실제 기업의 변화 현장을 관찰했습니다. 그리고 그 지식과 경험을 바탕으로, 개인적으로 투자를 해왔습니다.

만약 이런 스토리를 기대하셨다면 죄송합니다. 제가 이 책에서 하고 싶은 이야기는 그런 전설 같은 성공담은 아닙니다. 금융교육을 전혀 받지 못한 평범한 대한민국 사람이었던 제가 좌충우돌하며 배운 경험담에 가깝습니다. 대신, 15년간 최신 기술과 시장을 공부하고, 투자하면서 경험한 시행착오와 확신을 진솔하게 담았습니다.

저는 2010년, 얼마 되지 않는 인턴 월급으로 투자를 처음 시작했습니다. 잘 아는 분야에 투자해야 한다는 말을 듣고 제 전공과 가장 가까운 국내 전자 회사에 투자했습니다. 1등인 삼성전자는 너무 비싸다고 생각해서, 2등인 LG전자에 투자했습니다. 크게 생각하지 않고 매수한 주식이기에 가격변동에 일희일비했습니다. 첫 투자금은 고작 30만 원 이었는데도 말입니다.

일을 배워야 할 인턴이 틈만 나면 몰래 주가를 확인했습니다. 수익 1%만 올라도 마음이 두근대고, 조금이라도 떨어지면 큰일이 나는 것 아닌가 싶어, 일에 집중할 수가 없었습니다. 그럴 때마다 화장실로 가서 주가가 오르고 내리는 것을 확인했던 부끄러운 기억이 있습니다.

종목을 선정하는 방법부터 마음을 다스리는 것까지 하나같이 서툴렀던 첫 투자 이후 15년이 흘렀습니다. 일과 투자를 병행하면서 어느덧 10억이 넘는 순자산을 갖게 되었고, 지금은 5억 원 이상의 금융자산을 운용하고 있습니다.

저는 엄청난 수익률을 약속드리거나, 비밀의 포트폴리오를 알려드리지는 못합니다. 하지만, 어떤 이유로 투자를 시작하지 않았거나, 포기했던 분이 있다면 다시 시작하게 도와드리고 싶습니다.

이 책은 매달 월급만으로는 불안한 당신을 위한 책입니다. 퇴근길에 주식 앱을 켰다가 마음이 불편해졌던 사람, 뉴스에 나오는 AI 기업의 이름이 익숙한데 정작 어디에 투자해야 할지 몰랐던 사람, '지금 시작해도 늦지 않았을까?'라는 질문을 스스로에게 반복하는 사람, 그리고 저처럼 제대로 된 금융 지식 없이 사회에 던져졌던 사회 초년생들에게 드리는 이야기입니다.

저는 여러분이 AI를 사용하는 사람에 그치지 않고, AI를 소유한 사람이었으면 좋겠습니다. AI 기술이 모든 산업에 영향을 미치기 시작하는 지금은 정말 중요한 시기입니다. 화폐가치는 계속 하락하고, 우리의 임금 인상률은 물가 상승을 쫓아가기 어려울 것입니다. AI의 생산성은 높아지고, 인간의 생산성은 떨어질 것입니다. 2~3%의 적금에 만족하시면 안 됩니다. AI로 혜택받을 자산을 소유하지 않으면 부의 격차는 더 커질 수밖에 없습니다.

이 책을 쓴 이유는 단 하나입니다. AI는 이미 우리 삶을 바꾸고 있는데, 그 변화를 '소비자'가 아니라 '주인'으로 맞이할 기회가 지금이라고 믿기 때문입니다. 챗GPT를 쓰며 감탄했다면, 엔비디아를 검색해 봤다면, 이제는 한 걸음 더 나아갈 때입니다.

당신도 'AI의 사용자', 'AI의 수혜자'를 넘어 'AI의 주인'이 될 수 있습니다. AI가 패러다임을 바꾸는 새로운 시대의 초입에서 투자에 막 관심을 두게 된 분들에게, 이 책이 당신만의 투자를 시작하기 위한 실질적인 조언이자 참고서가 되었으면 좋겠습니다. 늦었다고 느낄 수도 있습니다. 하지만 투자에는 늘 새로운 시작이 있습니다.

이 책이, 당신의 첫 주식을 사는 용기를 주기를 바랍니다

차례

Part 2 초보 투자자의 질문

Part 3 ETF로 자산 배분 시작하기

Part 4 코어-위성 전략으로 수익률 높이기

012 AI ETF 활용하기: 넥스트 엔비디아를 찾는 사람들을 위하여

013 레버리지/인버스 ETF 활용하기

Part 5 심리와 원칙으로 완성하는 AI 투자

Part 1

AI 시대,
투자의 판이 바뀐다

001
우리는 이미 AI에게 묻고 있다

당신도 이미 AI 사용자입니다

요즘은 무엇을 하든 챗GPT에 먼저 물어보는 세상입니다. 오늘 점심 메뉴가 고민되면 물어보고, 여행 일정도 AI에게 짜달라고 합니다. 과제를 하고, 이력서를 다듬고, 회사 보고서를 정리할 때도 AI의 손을 빌립니다. 친구나 가족과 다퉜을 때, 심지어 마음이 우울할 때도 말을 건넵니다. 우리는 판단이 필요한 순간마다 AI에게 질문하고 있습니다.

그 시작은 2022년 11월 30일, 챗GPT가 등장한 날입니다. 우리는 처음으로 AI에게 높은 수준의 질문을 하고, 일상의 도구로 활용하기 시작했습니다. 5일 만에 사용자 100만 명, 두 달 만에 1억

명. 학교에서는 AI를 금지했다가 장려했고, 의심의 눈초리로 보던 사람들도 어느새 AI에게 말을 걸고 있습니다. 당신은 오늘도 AI에게 무언가를 물어봤을 겁니다. 그런데 정작 AI 관련 주식은 사지 않았죠.

이상하지 않으신가요? 요즘은 모른다는 기분보다, 놓쳤다는 기분이 더 자주 듭니다. 엔비디아가 10배 오를 때도, 테슬라가 급등할 때도, 비트코인이 사상 최고가를 찍을 때도. 우리는 늘 '그때 사야 했는데'라고 후회합니다.

하지만 진짜 문제는 따로 있습니다. 우리는 AI를 매일 쓰면서도, AI 시대에 돈 버는 법은 배우지 않았다는 것입니다. 내가 망설이는 사이, 기회는 저 멀리 가 있습니다. AI는 우리가 가능성을 알아채는 속도보다 더 빠른 속도로 세상을 바꿔가고 있습니다.

이 책을 선택하신 독자 여러분은 아는 이야기 그만하고, 투자 얘기를 하라고 재촉하고 싶으시겠지만, 조금만 참고 읽어 주셨으면 합니다. 오래 달리려면 준비를 탄탄하게 해야 합니다. 우리는 지금, 기술의 변화가 아니라 삶의 방식 자체가 바뀌는 시대에 있습니다. 그 시작점을 다시 짚어보는 건, 투자라는 행동을 더 멀리, 더 단단하게 이어가기 위한 준비입니다.

어텐션, 그 하나면 충분해요

챗GPT가 등장한 이후로, 우리는 인간을 대하듯 AI에게 질문하기 시작했습니다. 질문의 의미를 이해하고, 그에 맞는 대답을 하게 만든 기술. 그 기술의 핵심은 어텐션(attention)입니다. 어텐션은 AI가 문장 속에서 어떤 단어에 더 집중(attention)해야 할지 스스로 판단하는 방식으로, 2017년 구글 연구팀이 발표한 〈Attention Is All You Need〉라는 논문에서 처음 등장했습니다. 발표 이후 10만 회 이상 인용되면서, AI 역사상 가장 영향력 있는 논문으로 평가받습니다.

번역하자면, 〈어텐션, 그 하나면 충분해요〉. 기술 논문에 이런 제목을 붙인다는 것 자체가 이미 시대가 바뀌고 있음을 보여줍니다. 보통의 논문은 이런 느낌입니다. 〈딥러닝 기반 어텐션 메커니즘을 활용한 인공지능 언어 생성 모델〉. 도발적이지도, 감성적이지도 않습니다.

이 제목이 더 많은 메시지를 전달하는 이유는 비틀즈의 노래인 "All You Need Is Love"를 패러디했기 때문입니다. 'Love~ Love~ Love.'로 시작하는 가사와 익숙한 멜로디가 떠오르시나요?

이 노래는 1967년, 베트남전 반대 여론이 고조되던 시기에 세계 최초의 위성 생중계 콘서트에서 발표되었습니다. BBC가 주관한 이 공연은 냉전과 전쟁, 갈등 속에서도 사랑만 있으면 된다는 비틀즈의 진심을 담았습니다. 세계를 연결한 최신 위성기술로, 그 시대의 문제를 해결할 메시지를 담았던 그 시대의 상징과 같은 곡입니다.

구글 연구팀이 이 노래를 패러디한 것은 단순한 유머가 아닌 것처럼 느껴졌습니다. 시대를 바꿀 기술의 시작점에 담긴 의지와 메시지가 함께 담긴 선언 아니었을까요? 기술을 다룬 논문이지만, 새로운 방식으로 새로운 시대의 시작을 알렸습니다. 기술이 말을 걸었고, 우리는 묻기 시작했습니다.

질문은 시작일 뿐

AI가 모든 것에 답해주는 시대에 우리는 어떤 질문을 하고 있을까요? 흔히 정보가 많으면 투자에 더 유리할 거라고 생각합니다. 하지만 실제로는 그 반대입니다. 정보가 충분해도 확신이 부족하면 투자 행동으로 이어지지 않습니다. 정보가 많을수록 '놓치고 있다는 두려움(FOMO: Fear Of Missing Out)'이 강해지고, 나만 뒤처지고 있는 것 같은 느낌이 듭니다.

모든 자산이 오르던 시기, FOMO를 느낀 동료가 있었습니다. 그는 더 이상 뒤처질 수 없다는 마음에 투자 실적이 좋은 선배의 주식을 추천받아 그대로 따라 샀습니다. 매수한 지 얼마 지나지 않아 주가가 하락했고, 동료는 매수 가격의 절반이 될 때까지 보유하고 있었습니다. 그러던 어느 날, 그 주식이 언제쯤 오를지 묻자, 선배는 말했습니다.

"너 그거 아직도 갖고 있었어? 얼른 팔아."

큰 손실을 본 뒤, 동료는 다시는 선배의 말을 듣지 않겠다고 했습니다. 왠지 주변에서 있을법한 이야기이죠? 저는 이 책을 읽는 분들이 이런 일을 겪지 않았으면 좋겠습니다.

사람들은 자신이 충분히 공부했다고 생각합니다. 그렇지만, 제가 지금까지 관찰한 결과 대부분이 하는 공부는 그렇게 깊이 있지 않습니다. '주식 차트를 보고 과거의 흐름을 연구했다', '네이버나 구글에서 검색해서 뉴스 기사를 읽었다', '유튜브에서 그 기업에 대해 찾아보았다'라고 합니다. 자신만의 투자 철학을 가진 분은 많지 않습니다.

AI도 마찬가지입니다. AI 혁명이 시작되었다고 하는데, 과거와 무엇이 다른 건지 깊이 생각해 본 적 있으신가요? 당신은 왜 아직 투자하지 못했나요? 많은 사람이 매일 챗GPT를 쓰면서도, 엔비디아는 사지 않았습니다.

투자 서적에서 이렇게 준비를 강조하는 이유는 이번 패러다임 전환은 정말 크고 긴 여정이기 때문입니다. 엄청난 변화라는 말에 이끌려 투자를 시작한 초보 투자자들은 시장이 출렁일 때 쉽게 흔들리곤 합니다. 작은 변화에 휘둘리지 않고, 의연해지기 위해서는 이 흐름이 패러다임 전환이라는 확신이 필요합니다. 우리는 AI 시대의 소비자가 되었지만, 아직 투자자는 되지 못했습니다. 이제 그 틈새를 메울 시간입니다.

AI 투자 타이밍: 우리는 지금 어디에 있나?

기술의 발전은 언제나 자산의 판도를 바꿔 왔습니다. AI는 이제 연구의 영역이 아니라 산업의 기반이 되었고, 변화의 속도는 인터넷과 스마트폰 시대보다 빠릅니다.

아래 타임라인은 기술의 진화와 투자 기회가 어떻게 동시에 전개됐는지를 보여줍니다. 지금은 단순한 트렌드가 아니라, 패러다임의 전환점에 서 있는 시기입니다.

'AI 투자는 이미 늦은 게 아닐까?' 걱정된다면, 아이폰 출시 이후에도 얼마나 많은 투자 기회가 있었는지를 떠올려 보세요. 챗GPT가 등장한 것은 2022년 11월, 불과 3년 전입니다. 스마트폰 혁명은 10년 넘게 이어졌고, AI 혁명은 그보다 더 크고 깊은 흐름이 될 것입니다. 이제 시작입니다. 기술이 먼저 가고, 투자 기회가 뒤따라옵니다. 우리는 지금 그 교차점에 있습니다.

  AI 시대, 챗GPT는 쓰지만 엔비디아는 놓쳤습니다

기술 발전

3월: 알파고 vs 이세 돌 (인식 전환)	6월: "Attention Is All You Need"	5월: GPT-3 출시 (기술 도약)	11월: ChatGPT 공개 (5일만에 100만 사용자) – (대중화 폭발)		
2016년	2017년	2020년	2022년	2024년	2025년
	투자 · 경제 9월: 팔란티어 상장	12월: 테슬라 S&P 500 지수 편입	6월: 엔비디아 시총 1위 달성	7월: 엔비디아 시총 4조 달러 돌파 (역대 최초)	

002

이번엔 다르다:
AI는 패러다임 전환일까?

노벨상이 인정한 혁명

"10년 전에는 누구도 GPT-4와 같은 거대언어모델(LLM)이 나올 거라고 예상하지 못했잖습니까. 지금부터 10년 후에는 아무도 예상 못 할 일들이 벌어질 겁니다. 사람들의 예상을 훨씬 뛰어넘는 발전이 있겠죠"
— 제프리 힌턴 / 2024년 노벨 물리학상 수상자 인터뷰 中

2024년 12월 10일, 스웨덴 스톡홀름의 콘서트홀에서 열린 노벨상 시상식은 AI의 시대가 시작되었음을 공식화하는 선언 같았습니다. 물리학상과 화학상 모두 AI 연구자들에게 돌아갔기 때문입니다. 하나의 기술이 서로 다른 분야의 노벨상을 동시에 받은 것은 역사상 유례없는 일입니다.

이것이 특히 중요한 이유는 AI 기술이 가장 보수적인 평가 기준을 가진 학계에서도 패러다임 전환으로 인정받았기 때문입니다. 학계는 새로운 기술의 도입에 극도로 신중합니다. 논문 한 편이 출판되기 위해서는 익명의 동료 연구자들로부터의 혹독한 평가를 통과해야 하고, 그 이후에도 오랜 기간 검증을 받아야 합니다.

노벨상 수상 조건에 관한 유명한 농담이 있습니다.

"젊을 때 획기적인 연구를 할 것. 그리고, 그 연구가 인정받을 때까지 오래 살아남을 것."

실제로 물리학, 화학, 생리의학 분야의 노벨상 수상자들은 대부분 30~40대에 한 연구로 50~60대에 수상합니다. 그만큼 학계의 인정은 느리고 보수적입니다. 그런 학계조차 노벨상이라는 가장 권위 있는 방식으로 패러다임 전환을 공식화했습니다. 하지만, 여기까지 오는 데는 예상보다 긴 시간이 걸렸습니다.

AI 겨울의 교훈

AI가 지금처럼 주목받은 것은 이번이 처음이 아닙니다. 'AI 겨울'이라고 불리는 두 번의 투자 냉각기를 거친 후 맞은, 세 번째

봄입니다.

첫 번째 겨울은 기술의 한계를 몰랐던 과도한 기대 때문에 왔습니다. 20세기 중반, AI 연구는 컴퓨터의 발전과 함께 시작되었습니다. 연구자들은 인간처럼 생각하는 기계를 꿈꾸며 정부에 막대한 연구비를 요청했습니다. 10년 안에 체스 챔피언을 이길 AI가 나올 것이라고 확언한 연구자들도 많았습니다. 하지만 AI 기술의 현실은 계산기 수준에 불과했고, 간단한 문장조차 이해하지 못했습니다. 기대에 미치지 못하자, 정부는 지원을 끊었고, 학계의 관심도 빠르게 식었습니다.

두 번째 겨울은 기술을 무리하게 상용화하려다 신뢰를 잃은 결과였습니다. 1980년대는 인공지능 분야에서도 '전문가 시스템'이라고 불리는 형태의 AI가 부상했습니다. 산업용 로봇이 도입되면서 자동화의 바람이 불었고, 법률, 의학, 회계처럼 지식이 데이터화 가능한 분야에서 사람 대신 판단하는 AI도 가능하다고 믿었습니다. 기대와 달리, 현업에서 이 시스템은 쓸모없다는 평가를 받았습니다. "감기일 수도, 폐렴일 수도, 암일 수도 있습니다"와 같이 진실이지만 무의미한 답변과 처리 속도까지 느린 AI 기술의 한계에 시장은 등을 돌렸습니다.

두 번의 AI 겨울은 동일한 교훈을 남겼습니다. 새로운 기술에 대한 희망은 언제나 기술적 가능성과 함께 피어나지만, 산업 현장의

 AI 시대, 챗GPT는 쓰지만 엔비디아는 놓쳤습니다

기대를 충족시키지 못하면 시장은 언제든 차갑게 돌아섭니다.

알파고가 예고한 봄

2016년, AI의 잠재력이 다시 한번 강렬한 스포트라이트를 받습니다. 구글 딥마인드가 개발한 알파고였습니다. 2015년까지만 해도 많은 전문가들은 바둑에서 AI가 인간을 이기려면 수십 년은 더 걸릴 것으로 예측했습니다. 바둑은 경우의 수가 관측 가능한 우주의 원자 수보다 많습니다. 복잡성이 높아 인간의 고유한 영역이라고 여겨졌습니다. 이세돌이 알파고와의 첫 대국을 앞둔 인터뷰에서 보인 자신감은 당시의 분위기를 잘 보여줍니다.

"승부 하루 전이라 긴장됩니다. 이런 알고리즘이면 5승은 힘들 거 같고, 실수하면 질 수도 있을 것 같습니다."

— 이세돌, 2016년 3월 8일 인터뷰

예상과 달리, 알파고는 이세돌 9단을 상대로 4승 1패로 압도적인 승리를 거둡니다. IBM의 슈퍼컴퓨터 딥블루가 인간 챔피언을 이기고 체스를 정복한 지 20년만입니다. 알파고가 바둑을 정복한 순간, 드디어 AI의 시대가 온 것 같았습니다.

이 사건 이후 바둑계는 완전히 바뀌었습니다. AI는 도전자가 아니라 스승이 되었고, 지금은 대부분의 프로 기사들이 AI의 수를 학습하고, 새로운 전략을 연구하며 실력을 다듬고 있습니다. AI는 더 이상 경쟁자가 아닌 교과서가 되었습니다.

하지만 산업은 바뀌지 않았습니다. 이미지·음성 인식 등 특정 영역에서는 뛰어난 연구 성과들이 나왔지만, 패러다임을 바꿀 정도는 아니었습니다. 일상생활은 바뀌지 않았기에, 다가온 현실이라기보다는 미래의 가능성으로 보였습니다. 이대로면 AI의 겨울이 다시 도래할지 모른다고 생각했습니다.

규모 전쟁의 시작

구글이 알파고로 세상을 떠들썩하게 한 것은 2016년, 〈Attention is All you need〉를 발표한 것은 2017년입니다. 2022년에 오픈AI가 챗GPT로 봄의 시작을 알렸으니, 기술의 씨앗은 이미 싹을 틔우고 있었던 셈입니다.

패러다임 전환은 한 번에 일어나지는 않습니다. 변화의 시기에는 여러 경쟁자가 등장하고, 사람들은 확실한 승리자가 등장할 때까지 다양한 시도와 질문을 거듭합니다. 비슷한 전환의 순간은 과거에도 있었습니다.

1990년대의 인터넷 초기, 사람들은 여러 검색엔진과 포털을 오가며 정보를 찾았습니다. 알타비스타, 라이코스, 야후 등 많은 강자가 있었고, 각자의 장점으로 이용자들을 유혹했습니다.

그렇지만 글로벌 검색 시장을 장악한 포털은 구글이었습니다. 구글은 후발주자였지만, 검색이 무엇인지에 대한 정의를 바꾸었습니다. 알타비스타나 야후가 '무엇이 있는가?'를 질문하며 단어 검색에 머물렀다면, 구글은 '무엇이 중요한가?'에 집중했습니다. 단어가 포함된 웹페이지를 단순히 나열하는 기존의 방식 대신, 다른 사이트들이 많이 링크한 페이지를 더 유용하다고 판단하는 동시에 검색의 속도까지 획기적으로 개선했습니다. 0.5초 만에 전 세계 웹을 뒤져 답을 찾아주는 구글은 그렇게 검색을 다시 정의했고, 사용자 행동을 바꿔놓았습니다.

AI의 승자는 무엇에 대한 정의를 바꿀까요? 챗GPT로 경기의 시작을 알린 OpenAI는 다른 기업들과는 조금 다른 질문을 던졌습니다.

"효율을 높이기보다는 데이터센터의 규모 자체를 키우면 어떨까?"

이 질문은 단순히 AI의 성능을 높이는 방향이 아니었습니다. OpenAI의 CEO인 샘 알트만은 2024년 투자자들에게 5조에서 7조 달러 규모의 AI 인프라 프로젝트를 제안했습니다. 이 계획은 전 세계에 수십 개의 칩 팩토리, 데이터센터, 전력 생산 센터를 건설하는 것이었습니다. 인간 수준의 인공지능을 만들기 위해서는 기술적 효율성보다 먼저, 압도적인 규모의 계산 인프라가 필요하다고 본 것입니다. 그것은 단순한 기술 비전이 아니라, AI 업계 전체를 '규모 전쟁'으로 끌어들인 선언이었습니다. 그리고 이 전쟁에서 가장 큰 승자는 예상치 못한 곳에서 나타났습니다.

판돈을 챙긴 엔비디아

OpenAI가 시작한 게임의 규칙에 따라, 많은 테크 기업들이 데이터 처리 모델의 규모를 키우는 전략을 따라 하기 시작합니다. 이제 무엇이 필요할까요? 더 빠르고, 더 강력한 연산이 필요해졌습니다. 그것도 '많이' 필요했죠. 우리는 이 연산을 가능하게 할 주인공을 알고 있습니다. GPU입니다.

GPU는 원래 게임 그래픽을 처리하던 칩이었습니다. 화려한 3D 장면을 구현하기 위해 만들어진 GPU는 AI가 학습하는 데 필요한 대규모 행렬 연산을 병렬로 처리하는 데 가장 적합한 하드웨어가 되었습니다. 순서대로 일하는 CPU보다는 같은 일을 동시에 처리하는 GPU가 훨씬 유리했던 것입니다.

GPU 시장을 선도하고 있던 엔비디아가 이러한 흐름의 가장 큰 수혜자가 되었습니다. 엔비디아는 AI 수요를 창출한 기업은 아닙니다. 하지만, AI 수요가 폭발할 순간을 준비했고, 너무 빠르지도, 늦지도 않은 때에 파도에 올라탔습니다.

2022년 초까지만 해도 엔비디아 매출의 절반은 게임용 칩에서 나왔습니다. 챗GPT의 성공 이후, 상황은 급변했습니다. 데이터센터의 매출은 매년 약 3배씩 성장했고, 메타, 마이크로소프트, 아마존 같은 빅테크 기업들이 수천억 원의 GPU를 사들이기 시작했습니다. 엔비디아의 이익은 치솟았고, 급기야 시가총액 1위 기업이 되었습니다.

큰 흐름은 시작되었습니다. 이제 우리에게 남은 일은 하나입니다. 이 거대한 파도에 올라타는 거죠. 다음 장에서는 초보자들이 AI 투자를 시작하는 가장 쉬운 방법을 공유하고자 합니다.

시장가로 살까요? 지정가로 살까요?

투자하기로 마음먹었더라도 지나야 할 과정이 있습니다. 저도 처음 투자할 때, 조금이라도 더 잘하고 싶은 마음에 시장가로 매수해야 할지, 낮은 가격에 지정가로 주문할지 고민했었거든요. 실시간으로 변하는 가격에 혼란스러우시겠지만, 첫 경험은 시장가로 사는 것에서 시작할 것을 권합니다.

조금 싸게 사는 것은 중요하지 않습니다. 완벽한 타이밍을 준비하다가는 1주도 가지지 못하게 될 수도 있거든요. 이 책에서 소개하는 주식들은 대부분 거래량이 충분하니, 바가지 쓸 걱정은 하지 않으셔도 됩니다. 시장가로 주문하더라도 적정가격에 매수할 수 있으니까요.

주식 투자 경험이 쌓이면, 욕심이 생길 겁니다. 조금 더 싸게 살 수 있을 것 같은데? 라는 마음이 들면, 그때 다음 단계로 넘어가면 됩니다. 지정가 매수도 해보고, 며칠간 지켜보면서 매수 시기를 기다려 보세요. 내가 매수하고자 한 가격에 체결이 안 돼서 폭등하는 경험, 내가 산 가격보다 훨씬 내려가서 더 낮은 가격에 걸어둘 걸 후회하는 경험 모두 필요합니다. 여러분이 어떤 상황에 더 마음이 흔들리는지 점검하면 나름의 기준을 세우실 수 있을 것입니다.

003

AI 투자 시작하기- 언제, 무엇을, 어떻게

When: 최고의 타이밍은 지금

투자에 관심은 많지만 시작하지 못한 사람들과 이야기를 나누면 대부분 이렇게 묻습니다.

"지금 사도 될까?"

언뜻 보면 신중한 질문처럼 보입니다. 조금 더 많은 정보를 수집하고 싶은 마음은 이해하지만, 초보 투자자에게는 최악의 질문입니다. 위험하다는 생각 때문인지 사람들은 한 걸음 물러나, 투자 시점을 미룹니다.

냉탕에 들어가 본 적 있으신가요? 차가운 것도 한순간입니다. 몸을 푹 담그면 정신이 번쩍 들죠. 그런데 발만 살짝 담근 채 들어가길 망설이면 결국 들어가지 못합니다.

좋은 시점을 기다리며 투자를 미루는 것은 냉탕이 덜 차가워지길 기다리는 것과 같습니다. 냉탕이 내가 들어가기 딱 좋은 적당한 온도가 될 리 없다는 것, 아시잖아요.

냉탕에 들어가지 않아도 괜찮습니다. 하지만, 들어갈지 말지 고민하느라 심리적 에너지를 소모하지 마시길 바랍니다. 지금 당장 시작하지 않을 거라면, 과감히 포기하는 것도 하나의 선택입니다. 하지만 그런 마음이라면 애초에 이 책을 읽지 않았겠죠.

이런 말들로 자신을 설득하며 투자를 미뤄왔다면, 이제는 행동이 필요합니다. 늦었다고 느끼며 망설이기 시작하면, 그 상태는 또다시 반복됩니다.

제 주변에는 기술을 잘 아는 친구들과 동료들이 많습니다. 새로운 기술과 혁신을 누구보다 빠르게 알아채지만, 막상 주식 투자는 망설입니다. 문제는 정보가 아닙니다. 정보는 넘칩니다. 그들은 투자에 필요한 정보를 누구보다도 잘 알고 있습니다. 하지 못하는 이유는 감정의 벽 때문입니다.

정보는 머리로 모이지만, 투자는 손끝의 떨림과 심장의 두근거

림을 감내해야 하는 행동입니다. 내가 산 주식이 떨어지더라도 아무것도 하지 않은 지금보다는 낫습니다. 주저하다 기회를 놓친 적이 있다면, 그건 정보 부족 때문이 아니라 행동 기준이 없었기 때문입니다.

투자해서 손실을 겪어본 사람만이 다음 기회에 올라탈 수 있습니다. 하락이 걱정된다면서 타이밍을 기다리지 마세요. 시장에 수업료를 내겠다는 마음으로 시작하세요. 수많은 간접 경험보다 한 번의 직접 경험이 훨씬 큰 도움이 됩니다.

완벽한 타이밍은 오지 않습니다. 오더라도 투자를 한 번도 해보지 않은 사람은 그 타이밍을 알아보지 못합니다. 혹시 알아챘더라도, 손이 움직이지 않고 제대로 베팅하지도 못합니다.

'지금은 고점이다, 밸류에이션이 높다'라는 전문가의 말이 망설이게 만든다고요? 그렇다면 당신에게 필요한 것은 정보가 아닌 경험입니다. 당신이 타이밍을 기다리는 동안, 시장은 이미 움직이고 있습니다.

투자는 머리보다 몸이 먼저 들어가야 하는 세계입니다. 처음에는 냉탕의 찬물처럼 느껴질 겁니다. 하지만 한 번이라도 들어가고 나면 감정이 단련되고 다른 세계를 경험할 수 있습니다. 당신의 첫 투자는, 완벽한 타이밍을 맞추기 위한 게임이 아닙니다. 타이밍을 기다리지 않아도 되는 사람으로 변화하는 첫걸음입니다.

더 이상 타이밍을 기다리지 마세요. 지금이야말로 투자하기 가장 좋은 순간입니다.

What: 한국의 집단지성 따라가기

저는 과감하게 말씀드릴 수 있습니다. 첫 투자라면 무엇을 살지 고민하실 필요가 없습니다. 남들이 사는 주식을 사야 합니다. 보통은 남들을 따라 하는 투자가 좋지 않다고 얘기하지만, 길을 잘 모를 때는 큰길을 따라가기만 해도 큰 실패는 하지 않습니다. 초보자라면, 투자 종목 선정만큼은 다수의 흐름을 따라 하기만 해도 충분한 세 가지 이유가 있습니다.

첫째, 남들과 같은 걸 사야 공부가 됩니다. 주식을 사고 나면 점심시간의 대화에 귀가 번쩍 뜨이고, 나와 관계없던 뉴스 기사들이 눈에 들어오기 시작합니다. 많은 사람이 보유한 주식이라면 언론에도 자주 등장하고, 주변에서 언급하는 사람도 많습니다. 그러면 자연스럽게 기업에 대한 정보를 익히고, 생각을 나누면서 토론하게 됩니다.

둘째, 멘탈 관리에 큰 힘이 됩니다. 투자는 심리가 많이 작용합니다. 올라도, 떨어져도, 주변 사람들과 비슷한 심리의 변화를 겪으면 최악의 선택은 피할 수 있습니다. 투자할 때 가장 심리적으로 힘든 순간은, 남들은 다 가지고 있어서 많이 벌었다는데 나는 없을 때입니다. 이때 느끼는 감정은 단순히 돈을 못 벌었다는 아쉬움이 아니라, 기회를 놓치고 있다는 사실 그 자체가 주는 고통입니다. 고통을 피하려고 몸부림치는 사람들은 잘못된 결정을 하게 될 확률이 높습니다.

셋째, 간단명료하고 쉽습니다. 초보자일수록 진입장벽이 낮은 쉬운 투자부터 시작해야 투자의 여정을 즐길 수 있습니다. 투자를 시작하면 공부해야 할 것도 많고, 겪게 될 심리적인 변화도 정말 다이나믹합니다. 특별한 기업을 찾으려고 애쓰기보다, 다른 사람들과 같은 파도를 타면서 나의 심리 변화를 들여다보셨으면 좋겠습니다.

한국예탁결제원은 증권 정보 포탈인 세이브로에 한국인의 선택을 매일 공유합니다. 현재 보유량과 거래량뿐 아니라, 과거부터의 데이터 추이를 확인할 수 있습니다. 언론에서도 이 자료를 기준으로 한국인이 사랑하는 주식을 언급하곤 합니다.

2025년 11월 기준, 한국인들이 가장 많이 보유한 주식 Top 3는 테슬라, 엔비디아, 팔란티어입니다. 테슬라 273억 달러, 엔비디아 179억 달러, 팔란티어 70억 달러 보유하고 있습니다. 공교롭게도 세 가지 주식 모두 AI의 직접적인 수혜주입니다. 우리가 가지고 있는 관심이 그만큼 크다는 뜻이겠죠? 한국인이 유독 똑똑하고 투자를 잘해서 그렇다고 믿고 싶지만, 저는 구글이 보여준 예고편 덕분이라고 생각합니다.

21세기의 글로벌 투자자들은 AI의 충격을 챗GPT의 등장에서 받았습니다. 우리는 그들보다 조금 더 빨리 알아챘습니다. 알파고와 이세돌의 바둑 경기를 실시간으로 보았습니다. AI가 인간을 곧 넘어서리라는 기대와 위기가 전 국민에게 생중계되었고, 바둑을 모르는 사람도 알 정도로 언론에서는 호들갑을 떨었습니다.

한국에서 투자하는 우리는, 한국인의 감정과 정보 흐름 속에서 투자합니다. 한국 내의 언론이나 주변인들에게 더 많은 영향을 받

:: 한국인 해외주식 보유 TOP7 (25년 11월 12일 기준)

한국인 보유순위	종목	대표사업	보유금액(원)
1	테슬라	전기차, 자율주행, 에너지	40조
2	엔비디아	AI 반도체, 데이터센터 GPU	26조
3	팔란티어	AI 데이터분석, 국방 · 국방 소프트웨어	10조
4	애플	스마트폰, 앱스토어, AI 디바이스	7조
5	구글(알파벳A)	검색 · 광고, 클라우드, 생성형 A	7조
6	마이크로소프트	클라우드(Azure), AI 서비스 디바이스	5조
7	아이온큐	양자컴퓨터, 차세대 연산	5조

출처: 한국예탁결제원 증권정보 포탈 세이브로 (https://seibro.or.kr/)

습니다. 남들과 같은 종목을 갖고 있다는 것은, 그 흐름에 올라탔다는 뜻입니다.

How: 단순하게 시작하고, 감정을 체험하기

투자를 결심하면 생각보다 많은 것을 고민해야 한다고 느끼게 됩니다. 많은 투자 교육서에서 먼저 공부하고, 위험을 충분히 이해하고, 준비되면 시작하라고 얘기하기 때문입니다. 정보를 접하고 나면 머릿속이 복잡해집니다.

"어떤 종목이 저평가되어 있을까?"

"환율이 비싼 것 같은데 괜찮을까?"

"수수료는 어디가 가장 저렴하지?"

하지만 처음 시작하는 투자자에게 이 모든 고민은 불필요하거나, 너무 이릅니다. 처음부터 너무 많은 정보를 짊어지고 출발하면, 오히려 판단을 미루게 되고, 결정을 못 내리는 자신을 자책하게 됩니다.

PER, PBR, ROE 같은 지표들은 당신이 처음 주식을 샀을 때 생기는 감정을 이겨내는 데 아무런 도움이 되지 않습니다. 차트를 분석하고, 이동평균선을 보고, 테크니컬하게 접근하는 것도 좋지만, 단 한 번의 '내 주식이 떨어지는 경험' 앞에서는 아무 소용이 없습니다.

처음 시작은 단순해야 합니다. 당신이 해야 할 일은 일단 사고, 계속 보유해도 될지를 판단하기 위한 공부를 시작하는 것입니다. 투자는 수영과 같습니다. 물가에서 아무리 이론을 배워도, 실제 물속에 들어가 보지 않으면 호흡도, 발차기도 익힐 수 없습니다. 중요한 건 완벽한 준비가 아니라, 일단 물에 들어가 보는 것입니다.

많은 초보 투자자가 실패하는 이유는 고점에 물릴까 봐 걱정하며, 더 많이 벌 수 있는 종목을 찾기 위해 남들과 다른 길을 가려 하기 때문입니다. 정말 나쁜 의사결정은, '남들과 다르게' 하겠다는 마음에서 비롯됩니다.

지금 남들이 갖고 있어서 오른 주식. 나는 기회를 놓쳤기 때문에 다른 방법으로 보상받고 싶어지는 심리. 하지만 그건 투자가 아니라 로또 당첨을 바라는 마음입니다. 나는 다르다며 다른 사람은 잘 모르는 종목을 사고, 시장과 다른 흐름을 타게 됩니다. 결국 손해를 본 뒤엔 "역시 주식은 도박이야"라며 떠나고 싶진 않으시죠?

그래서, 어떻게 시작해야 할까요? 고민 말고, 지금 유명한 AI 주식 하나를 고르면 됩니다. 이 책에 언급된 주식을 산다면, 어느 시점에 이 책을 보든, 과거 대비 높은 가격에 투자하게 될 확률이 높습니다. 하지만, 여러분이 가져야 할 목표는 수익이 아니라 시장

참여자가 되는 것입니다.

팔 생각 없이 한 주를 사세요. 한 달에 한 주씩입니다. 당분간은 '매수만 하는 투자자'가 되는 겁니다. 단, 낼 수 있는 수업료만큼만요. 많은 투자자가 얘기하지만, 잃어도 괜찮은, 생활비가 아닌 여유자금으로 시작해야 합니다. 큰 금액은 오히려 독이 됩니다. 여유가 있더라도, 더 사고 싶은 마음이 솟구치더라도 매월 소액으로 쌓아보세요. 얼마나 모이느냐보다, 매달 내가 투자에 관심을 기울였는지가 중요합니다. PER? 환율? 수수료? 아직 몰라도 됩니다. 그건 몸이 적응되고 나서 배우는 것으로 충분합니다. 지금은 마음과 손이 먼저 움직이는지가 더 중요합니다.

지금은 '어떻게 더 잘할까?'를 고민할 시기가 아닙니다. '어떻게든 시작'해야 할 때입니다. 당신이 지금 해야 할 일은 딱 하나입니다. 사고, 보유하고, 감정의 변화를 느껴보는 것. 그 한 걸음이 시작되면, 그다음부터는 당신도 투자자라고 불릴 수 있습니다.

심리가 답을 갈라놓는다

투자에서 중요한 건, 정답 자체가 아니라 그 정답을 대하는 나의 태도입니다. 그리고 이 태도의 차이가 투자 성과를 갈라놓습니다.

누군가는 엔비디아에 투자해 수십억을 벌고, 누군가는 같은 주식으로 손실을 봅니다. 누군가는 늦었다며 포기하고, 누군가는 FOMO에 휘둘려 남들이 투자하지 않는 종목에 비중을 과하게 싣습니다. 기분 좋게 상승을 경험했다가, 조정장에서 낙담한 표정이 그대로 얼굴에 드러나는 사람도 있습니다.

많은 사람들이 무엇에 투자해야 하는지 묻지만, 저는 그 질문이 달라져야 한다고 생각합니다. 같은 기업에 투자하더라도 언제, 어떤 마음으로, 어떻게 투자했느냐에 따라 결과는 천차만별이기 때문입니다.

아무리 안정적이고 뛰어난 포트폴리오를 구성하더라도 마찬가지입니다. 시장 상황에 따라, 때로는 내가 구성한 포트폴리오의 수익률이 초라해 보일 수 있습니다. 유지하는 것도, 바꾸는 것도 내 선택이지만 그 원칙은 명확해야 합니다.

투자는 기술을 알아보는 눈이나, 뛰어난 분석 능력보다도 '심리'와 '태도'의 싸움입니다. AI로 패러다임이 변한다고 해도 이 본질은 변하지 않습니다.

해외 주식 투자에 세금이 있나요?

해외 주식에 직접 투자할 때, 매도하지 않으면 세금은 없습니다. 이 책을 따라 투자를 시작하실 분들은 매도할 생각보다는 꾸준히 모으겠다는 마음으로 시작하셨으면 좋겠습니다.

세금 문제는 아직 걱정할 필요는 없지만, 매수와 매도를 빈번하게 할 경우에는 양도소득세가 적용됩니다. A 주식에서 이익을 보고 B 주식에서 손실을 보면 손실과 이익을 합산해서 연간 양도소득을 계산합니다. 연간 합산 양도소득이 250만 원을 넘으면 초과분에 대해 22%(지방세 포함)의 세금을 내야 합니다. 260만 원을 벌었다면, 초과수익인 10만 원에 대한 세금으로 2만 2천 원을 냅니다.

예시)
이익 400만 원 − 손실 140만 원 = 양도소득 260만 원
양도소득세 = (양도소득 260만 원 − 기본공제 250만 원) * 22% = 2만2천 원

1개의 AI 기업 매수해 보기 (달성 목표: 1개월)

이제 책을 잠시 덮고, 작은 연습을 해볼 차례입니다.

제가 아내에게도 권했던 방법인데, 한국 투자자들이 가장 많이 보유한 주식 Top 3(테슬라, 엔비디아, 팔란티어) 중에서 마음이 가는 회사를 하나 고르는 것입니다. (다른 AI 기업이어도 좋습니다) 깊이 있는 분석은 당장은 필요하지 않습니다. 지금 알고 있는 정보만으로 선택해 보시면 됩니다.

저는 아내에게 "일단 1주라도 사보라"고 했습니다. 중요한 건 투자자로서 '첫걸음을 내디딘 경험을 갖는 것'이거든요. 떨어진다면 그것 역시 값진 수업료가 됩니다.

참고로, 2025년 11월 12일 기준 테슬라는 약 430달러, 엔비디아는 약 194달러, 팔란티어는 약 184달러 수준입니다. 환율을 고려하면, 팔란티어는 1주에 약 27만 원 정도로 시작할 수 있습니다. (정확한 가격은 투자 전 다시 확인해 보세요)

목표는 단순할수록 좋습니다. 예를 들어, 100만 원이 될 때까지 한 종목만 모아보는 것입니다. 2025년 11월 가격 기준으로 테슬라는 2주, 엔비디아와 팔란티어는 4주면 됩니다.

이 과정에서 중요한 건 수익 자체가 아니라, 내가 어떤 감정을 느끼는지 관찰하는 것입니다. 오르거나 내릴 때, 사기 전 망설일 때, 실제로 매수 버튼을 눌렀을 때의 긴장감까지, 이 모든 것이 투자 경험의 일부이자 귀중한 학습이 됩니다.

:: 엔비디아/테슬라/팔란티어 5년 주가 비교 차트 (2020년 10월~2025년 9월)

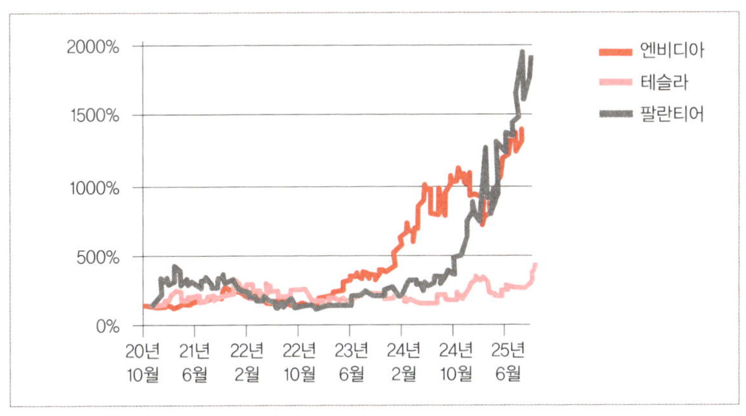

Part 2

초보 투자자의 질문

Part 1에서는 한국인들이 선택한 AI 시대의 주인공인 엔비디아, 테슬라, 팔란티어를 먼저 잡으라고 말씀드렸습니다. 자전거를 배우려면 자전거 위에 앉아야 하고, 수영을 배우려면 물에 들어가야 하는 것처럼 투자를 배우려면 1주라도 일단 사야 하기 때문입니다. 1주를 구매했다면, 여러분은 이제 단순한 독자가 아닙니다. 행동한 투자자입니다.

Part 2에서는 많은 한국인이 투자한 종목, 그리고 당신이 보유한 종목인 테슬라, 엔비디아, 팔란티어를 중심으로, 투자하면서 겪게 될 심리적 질문들을 나누려고 합니다.

자전거를 배우다 넘어진 이야기, 수영을 배우다가 물을 먹고 코가 찡해진 이야기처럼, 제가 이 기업들에 투자하면서 겪은 갈등과 후회, 확신과 흔들림의 경험입니다. Part 2는 투자자만이 공감할 수 있는 이야기로 채워져 있습니다. 아직도 1주를 사지 않았다면 투자자가 된 후에 Part 2를 읽어 주세요. 이제부터 진짜 투자가 시작됩니다.

004

엔비디아는
이미 너무 올랐잖아요?

엔비디아 기업 요약

엔비디아: AI 혁명의 심장부

기업명 (티커): NVIDIA Corporation (NVDA)

주요 사업: AI 및 GPU 반도체 설계 · 제조

시가총액 (2025년 10월 1일 기준): $4.56조

설립 연도: 1993년

CEO & 이사회 의장: 젠슨 황 (Jensen Huang)

5년 수익률 (2020.10~2025.09): +1,361% (약 14.6배)

엔비디아에 투자하지 못하는 사람들

"엔비디아는 이미 수백 배 올랐어요. 지금 투자해도 될까요? 지금 사기엔 너무 늦은 것 아닐까요?"

SNS 주식 커뮤니티를 보면 걱정스럽게 묻는 사람들이 있습니다. 실제로 엔비디아는 2022년 10월 저점에서 10배 이상 급등했습니다. 질문 속엔 늦은 듯한 불안, 타이밍을 놓친 아쉬움, 기회를 잃은 것 같은 초조함이 뒤섞여 있습니다.

하지만 저는 되묻고 싶습니다.

"그럼, 언제가 투자하기 좋은 시점일까요?"

2007년 아이폰이 처음 등장했을 때, 애플 주가는 4달러였습니다. 이미 많이 올랐다고 주저하던 사람들을 뒤로하고 주가는 지금까지 60배 넘게 상승했습니다. 그사이에도 많은 사람이 말했죠.

"이미 늦었어. 지금 사면 꼭대기야."

그렇게 망설이던 사람들은 결국 매년 같은 이유로 투자를 미루고, 결국 '그때 살걸'이라는 후회를 반복했을 겁니다.

요즘 SNS를 보면 엔비디아로 수억 원을 벌었다는 화려한 수익 인증 글이 넘쳐납니다. 엔비디아에 투자했다고 모두 이런 성공에 도달하지는 못합니다. 그 어떤 주식도 꾸준히 오르기만 하지는 않거든요. 누군가는 급락장에 손절하고, 누군가는 작은 수익에 만족해 팔아버립니다.

여러분은 좋은 주식을 계속 보유하는 승자가 될 수 있을까요? 과거에 엔비디아의 가능성을 알아본 투자자라고 생각하고 여정을 떠나봅시다.

공포에 흔들린 사람들의 후회

엔비디아의 화려한 성장 뒤에는 몇 번의 극적인 조정이 있었습니다. 2018년 암호화폐 채굴 붐이 식으면서 주가는 57% 급락했고, 2022년 초부터 10월까지 기술주 조정장에서는 무려 70% 하락했습니다. 그때 수많은 투자자가 공포에 질려 주식을 팔아버렸습니다.

여러분이 2021년 추석에 받은 보너스로 엔비디아를 매수했다면, 1년도 되지 않아 50% 넘는 손실을 보았을 것입니다. 몇 달은 버틸 수 있습니다. 아마 2022년 설에 받은 상여금으로 떨어진 엔비디아를 조금 더 샀을 수도 있죠.

잠깐 반등하는 시기가 있지만, 주가는 계속 하락합니다. 1년이 지난 2022년 추석, 가족들과 모인 자리에서 한 소리 듣습니다. 왜 주식을 하냐고요. 한 방을 노리니까 그렇게 혹 간다면서, 성실하게 돈을 모으는 것이 최고라는 얘기를 듣습니다.

그렇게 고점 매수 후 장기간 손실에 묶여 있던 투자자들은 매일 마이너스를 확인하는 스트레스와 주변 사람들의 평가, 회복 가능성의 불확실성을 견디지 못하고 결국 매도 버튼을 누르게 됩니다.

"더 떨어질 것 같아서 견딜 수 없었다"라며 팔지만, 1년 뒤 주가는 전고점을 돌파합니다. 조금 더 시간이 지나 엔비디아가 AI의 부상과 함께 다시 급등하자 이들의 후회는 더 커집니다. "조금만 더 버텼으면…", "기업을 더 믿어야 했는데…"하는 자책이 따라옵니다.

마음을 다잡고 재진입을 시도하지만, 이미 가격은 이전 매도 시점보다 훨씬 높아져 있습니다. 그렇게 나는 주식이랑 안 맞는다고 생각하며 다시는 투자하지 않겠다고 생각할지도 모릅니다.

주식이 하락할 때 매도하는 투자자의 심리를 살펴보면, 두 가지 패턴으로 나타납니다. 첫째, 방어적 매도입니다. 더 큰 손실을 막아야겠다는 공포가 판단을 지배합니다. 둘째, 신뢰의 상실입니다. '치열한 경쟁이 시작되면 엔비디아의 독주도 끝이다.', 'GPU 시장은 한계다.'라는 비관적 시각이 지배하게 됩니다. 이 두 가지 심리 패턴을 미리 알면, 저점에서 팔지 않고 버틸 수 있습니다.

투자 전문가들은 손절의 중요성을 얘기하지만, 저는 손절이 얼마나 힘든 일인지 알고 있습니다. 투자 초보자에게 손절은 거의 불가능한 미션입니다. 그러니, 오를 때까지 버텨도 괜찮은 주식을 사야 합니다.

아무리 좋은 주식도 '내가 팔면 오르는' 상황은 드물지 않습니다. 시대를 대변하는 주식은 폭락 이후에도 결국 상승한다는 것을 경험해 봐야만 투자자로서 한 단계 성장할 수 있습니다.

'적당한 수익'이라는 함정

투자를 시작하면 돈을 버는 순간이 반드시 옵니다. 주가가 오르는 것을 지켜보면서 뿜어져 나오는 도파민에 취하는 동시에, 수익을 확정하고 싶은 마음이 커집니다. 매도해야 돈을 번 것이라는 생각에 '적당한 수익'에 만족하기도 합니다.

사실 저도 적당한 수익에 만족했던 투자자입니다. 2020년 11월, 코로나 저점 대비 2배 오른 가격에서 매도했습니다. 적당하다고 하기엔 커 보인다고요? 당시에 저도 그렇게 생각했습니다. 팬데믹이라는 불확실성과 과열 우려가 있었기 때문에 현명한 선택이라고 자신했습니다.

그러나 엔비디아는 그 후 어떻게 되었을까요? AI의 폭발적인 성장과 함께 제가 매도한 금액에서 10배가 넘게 올랐고, 지금도 상승세가 이어지고 있습니다. 제가 팔았던 가격은 단지 중간 정류장에 불과했습니다. 조금(?)의 상승에 자만하다가 큰 부자가 될 기회를 놓친 셈입니다.

투자자들이 흔히 겪는 심리적 특징은 다음과 같습니다.

1. 지나친 안전 추구: '많이 오른 주식은 언젠가 하락한다'라는 신념이 강합니다.

2. 절대 수익률에의 만족: 투자금이 두 배가 되면 충분하다고 생각하며 더 높은 성장을 놓칩니다.

3. 시장 타이밍에 대한 과신: '지금 팔고 나중에 떨어지면 다시 사면 된다'라고 자신하다가 재진입 기회를 놓칩니다.

엔비디아처럼 패러다임을 바꾸는 기업에 투자할 때는 이런 심리적 편향에 흔들려서는 안 됩니다. 어느 정도의 수익률에 만족하는 것은 초보 투자자가 가장 경계해야 할 함정 중 하나입니다. 저는 엔비디아를 통해 투자할 때 중요한 것은 '어떤 주식을 언제 살 것인가'가 아니라 '좋은 주식을 언제까지 팔지 않고 버틸 수 있는가?'라는 점을 배웠습니다.

시총 1위는 고점을 의미할까?

2024년 6월, 엔비디아가 시총 세계 1위를 달성했을 때도 많은 사람이 이제는 정점이라며 팔았습니다. 상징적인 고점이라는 의

미에 매몰되어 중요한 본질을 놓친 것이죠. 하지만 이후에도 AI 수요는 지속해서 증가했고, 실적은 계속 개선됐습니다.

그 후 1년 동안 부침을 겪었지만, 2025년 6월에 다시 시총 1위 기업으로 복귀했습니다. 그리고, 7월 9일에는 시가총액 4조 달러를 달성한 최초의 기업이 되었습니다. 마이크로소프트, 애플 모두 넘지 못했던 벽을 깨면서 자산시장에서도 AI 시대가 확실하다는 증거를 다시 한번 보여주었습니다.

AI 중심의 패러다임 전환 속에서 누가 미래를 대표하는 기업인지에 대한 시장의 평가가 달라지고 있습니다. 엔비디아의 가파른 시총 상승은 반짝 상승이 아닌, AI 인프라에 대한 구조적 수요의 반영이라는 점에서 주목해야 합니다.

성공한 장기 투자자들은 기업을 깊이 이해하고, 단기적인 주가 변동에도 흔들리지 않습니다. 공포와 탐욕에 휘둘리지 않고, 스스로 세운 원칙에 따라 투자합니다. 중간 정류장에서 내리는 실수를 하지 않고, 목적지까지 인내합니다.

투자에서 가장 큰 리스크는 일시적 가격 하락이 아닙니다. AI처럼 중대한 패러다임 변화를 이해하지 못하고 너무 일찍 떠나는 것입니다.

아직 AI 인프라 구축은 끝나지 않았다

엔비디아가 고점이라는 주장의 요지를 살펴보면 AI 버블이라는 주장을 많이 합니다. 하지만 버블이라는 단어를 쓸 때는, 그 산업의 인프라 사이클이 어디까지 왔는지를 먼저 봐야 합니다.

현재 AI 인프라 투자는 아직 시작 단계입니다. 5G 네트워크는 국가별 보급 속도에 편차가 크고, AI 모델 전송·학습을 위한 대역폭 확대는 이제 막 시작됐습니다. 데이터센터는 미국과 중국 주요 거점 외 지역에서 급격한 신규 투자가 진행 중이며, 전력 수요와 냉각 기술 투자가 병행되고 있습니다. 반도체 공급망에서는 첨단 GPU 생산능력을 늘리기 위한 TSMC와 삼성전자의 신규 투자, 패키징, HBM 메모리 공급 확대가 계속 발표되고 있습니다. 수요 기업들의 CAPEX 투자도 이를 뒷받침합니다. 마이크로소프트, 구글, 아마존, 메타 등 글로벌 빅테크 기업들은 인프라 투자를 지속하고 있습니다.

지금 AI 시장이 보이는 과열된 듯한 가격에는 기대와 경쟁우위를 차지하기 위한 초기 과잉투자가 뒤섞여 있습니다. 하지만 AI 인프라 사이클 전체를 보면, 우리는 아직 전반전도 끝나지 않은 시점에 서 있습니다.

결론적으로, AI 인프라 투자는 단기 조정이 있더라도 곧 터질 버블은 아닙니다. 여러분은 AI 서비스 확장이 시작되는 시기 한가운데 있습니다. 단기적인 가격 변동에 매몰되기보다, 산업이 어떻게 다음 단계로 성장할지 주목하시면 좋겠습니다.

S&P나 나스닥 같은 ETF부터 투자하면 안 되나요?

시장을 추종하는 ETF는 좋은 수단입니다. 여러 주식을 나누어 담은 금융상품이기 때문입니다. 워런 버핏도 "내가 죽으면 S&P 500을 사라"고 가족들에게 유언했습니다.

시장보다 높은 수익을 추구하는 사람 중 시장보다 높은 수익률을 기록하는 투자자는 극히 소수입니다. 안정적으로 수익을 추구한다면 S&P500 을 추종하는 ETF가 더 나을 수 있습니다. 내 투자 성향에 ETF에만 집중하는 것이 적절할 수도 있습니다. 하지만 저는 단기적인 수익보다 직접 투자하면서 겪은 감정적 훈련이 더 값지다고 생각합니다. ETF는 모든 것을 맡기는 투자입니다. 주식이 왜 오르고 내리는지, 그 과정에서 내가 어떤 감정을 느끼는지를 배울 수 없습니다. 긴 투자의 여정에서 개별주식으로 시장을 경험한 후에 ETF를 더하는 길이 훨씬 단단합니다.

최소한 3개월은 개별주식에 투자해 보시기 바랍니다. 그래야 급격한 상승과 하락을 통한 내 마음의 흔들림을 경험하고 내 성향을 파악할 수 있습니다. 개별주식을 사보면 뉴스 한 줄에 출렁이는 주가, 실적 발표 날의 기대와 실망, 남들이 팔 때 버티는 불안감을 직접 겪게 됩니다. 실패하더라도 그 경험은 더 큰 자산을 지킬 안전벨트가 됩니다. 자산 규모가 점점 커졌을 때, 그런 감정을 미리 겪었던 것이 큰 도움이 될 것이라고 확신합니다. 그렇기에, 저는 AI 시대를 살아가는 여러분도 직접 투자하면서 시대의 변화를 느끼는 주인공이 되셨으면 좋겠습니다.

005

테슬라, 변동성의 왕을 어떻게 견디죠? 

테슬라 기업 요약

테슬라: 전기차 회사에서 AI · 로봇 기업으로

기업명 (티커): Tesla, Inc. (TSLA)

주요 사업: 전기차, 자율주행, 에너지 솔루션, 로봇

시가총액 (2025년 10월 1일 기준): $1.45조

설립 연도: 2003년

CEO: 일론 머스크 (Elon Musk)

이사회 의장: 로빈 덴홀름 (Robyn Denholm)

5년 수익률 (2020.10~2025.09): +318% (약 4.2배)

테슬라, 왜 투자하기 어려울까

테슬라는 현시점에 한국인들이 가장 사랑하는 기업이라고 해도 과언이 아닙니다. 처음으로 보유량 1위를 기록한 것이 2020년 7월 3일이니, 5년이 넘었네요. 테슬라는 전 세계 전기차 시장을 주도하는 혁신기업으로 주목받고 있습니다. AI, 자율주행, 에너지 전환 등 미래 산업의 핵심 키워드를 이끄는 중심에 서 있습니다.

미래를 기대하게 하지만, 그만큼 주가의 변동성도 크기로 유명합니다. 많은 투자자가 테슬라 투자가 어렵다고 하는 데는 이유가 있습니다. 기업의 실적이나 경제 상황뿐 아니라, CEO인 일론 머스크의 발언 하나, 행동 하나에도 주가가 수직으로 오르거나 곤두박질치기 때문입니다.

2024년 하반기부터 1년간, 테슬라 주가는 미국의 정치 상황에 영향을 받아 롤러코스터를 탔습니다. 일론 머스크가 트럼프 대통령의 열렬한 지원군으로 활동한 것이 주된 이유입니다. 같은 해 8월에는 200달러이던 주가가 12월에는 480달러까지 상승하며 4개월 만에 140%의 수익률을 보였습니다. 트럼프의 대선 승리 과정에서 주가가 급등했는데, 머스크가 트럼프 행정부 요직에 오를 거라는 루머가 돌면서 기대감이 최고치에 달하던 시기입니다.

하지만 2025년 트럼프 취임 후로는 주가가 하락하기 시작했습니다. 트럼프가 관세 카드를 꺼내 들자, 시장 전반이 얼어붙으며 테슬라 주가가 석 달 만에 50% 이상 폭락했습니다. 트럼프 정부에 반대하는 시위가 이어졌고, 미국 정부효율부의 수장으로 일하던 일론 머스크에게도 반발하며 테슬라 불매운동으로 번졌습니다.

일론 머스크의 정부효율부 임기 종료와 함께 주가도 반등하지만, 그의 정치적 행보가 기업 가치에 부담을 주는 리스크는 끝나지 않습니다. 트럼프와의 관계가 급격히 악화되면서 공개적인 설전이 시작되더니, '아메리카당' 창당을 선언했습니다. 그때부터 테슬라 주가는 다시 하락합니다. (지금은 해프닝으로 끝났지만요.) 다른 빅테크 기업들의 주가가 상승하는 시기라, '남들은 오르는데 나만 떨어지는', 투자자로서는 가장 피하고 싶은 순간입니다.

이런 종목은 개인 투자자로서는 장기 보유가 어렵습니다. 1년도 안 되는 기간 동안 급격한 상승과 하락을 몇 번이나 겪어야 합니다. 뉴스와 소셜미디어, 머스크의 말 한마디에도 시장은 과민하게 반응하고, 주가 변화에 일희일비하게 됩니다. '지금 사도 되나? 언제 팔아야 하지?'라는 심리적 압박이 항상 따라옵니다. 변동성이 크니 저점에 사서 고점에 팔 수 있을 것 같은 근거 없는 자신감마저 들게 합니다. 테슬라 투자의 가장 큰 어려움은 기업 분석이 아닙니다. 자기감정의 통제입니다.

외면하기엔 너무나 매력적인 AI 기업

저도 한때 테슬라 투자를 꺼렸습니다. 기업가치가 CEO 한 사람의 트윗에 출렁이는 모습을 보며, 그런 리스크는 감수하고 싶지 않았거든요. 하지만 자율주행 기술의 진화를 지켜보며 생각이 바뀌었습니다. 위험을 감수할 만한 미래가 보이기 시작했기 때문입니다.

자율주행 기술은 크게 2개의 흐름으로 나누어져 있습니다. 고성능 센서를 조합하여 안정성을 높이려는 구글식 자율주행과 사람도 눈으로 보고 운전을 하니 카메라만으로도 충분할 것이라는 테슬라식 자율주행입니다. 2018년, 저는 자율주행 기술을 연구하는 석사과정 학생이었습니다. 그 당시만 해도 카메라 기반 자율주행은 비용은 합리적이었지만 위험하다는 인식이 강했습니다.

그래서 대부분 자율주행 연구는 구글 방식이 주류였고, 고가의 라이다(LiDAR) 센서를 활용했습니다. 여러 센서를 조합할수록 정확도와 안전도가 높아졌기에, 연구비용도 많이 들었습니다. 고성능 라이다 하나의 가격은 수천만 원에 달했습니다. 적당한 가격(그래도 천만 원 이상)의 가성비 좋은 라이다를 활용하더라도 자율주행을 위해서는 여러 개의 센서를 장착했습니다. 장착한 센서의 가격이 차 한 대의 가격보다 더 비쌀 정도였습니다. 이렇게 비싼 기술을 상업화하기 위한 길은 너무 멀어 보였습니다.

수년이 지난 지금, 테슬라는 수백만 마일의 주행 데이터를 바탕으로 FSD(Full Self-Driving) 기술을 고도화하며, 업계 최고 수준의 성능을 보여주고 있습니다. 비싼 센서 없이, 카메라만으로요. 구글의 웨이모가 고가의 라이다를 활용한 기술로 정확도와 안전성에서 우위를 점하고 있지만, 테슬라는 비용 효율성과 확장 가능성 측면에서 장기적 경쟁력을 확보하고 있습니다.

라이다의 비용도 급격하게 하락하고 있어서 구글식 기술도 상용화할 수 있는 수준으로 내려올 것입니다. 하지만, 그때가 되면 테슬라도 추가 센서를 부착하는 것이 어렵지 않겠죠. 기술적 완성도나 생산비용 이슈가 해결되고 나면, 자율주행 기술의 최종적 성공은 시장 적응력과 생태계 구축 능력이 좌우할 것입니다.

사회적 수용도도 테슬라에게 유리하게 작용하고 있습니다. 테슬라는 법과 제도의 한계도 생각보다 단순하게 풀 수 있습니다. 자율주행차 제조사가 모든 책임을 지면 됩니다. 차량을 직접 제조하지 않는 구글보다 테슬라가 자율주행을 활용한 모빌리티 승자가 될 것이라는 생각도 여기서 출발합니다.

이 관점에서 보면 2019년부터 시작된 테슬라의 보험 사업은 단순한 부가 수익원이 아닙니다. 모든 주행 데이터를 실시간으로 수집하는 회사가, 그 정보를 기반으로 보험료를 직접 산정하고 통합

서비스를 제공합니다. 지금은 제조사가 차를 팔면 끝이지만, 앞으로는 이동 서비스를 책임지는 회사만이 살아남을 겁니다. 차량 구매부터 충전, 소프트웨어 업데이트, 보험까지 올인원으로 제공한다면 고객은 다른 이동 서비스를 선택할 이유가 없어집니다.

지난 7월, 일론 머스크는 2025년 연말까지 미국 인구의 절반이 거주하는 지역에서 테슬라의 로봇택시 서비스를 운영하겠다고 발표했습니다. 텍사스에서 실험적으로 운영중이던 로보택시 서비스 구역은 10배이상 확장되고 있고, 샌프란시스코와 애리조나 등 다른 지역에서도 테슬라 로보택시를 목격할 수 있습니다.

구글은 완전 무인 자율주행 기술을 앞세우지만, 제휴 파드너에게 의존하기 때문에 차량 확장 속도에는 한계가 있습니다. 반면 테슬라는 차량 생산부터 소프트웨어까지 모두 수직 통합된 구조로, 두 달 만에 30만 대를 생산할 수 있는 역량이 있습니다. 이 차이는 단순한 기술 경쟁이 아니라, 시장을 선점할 수 있는 스케일 경쟁으로 이어집니다. 그런 점에서 테슬라는 미래의 가능성을 말하는 기업이 아니라, 그 미래를 지금 현실에서 구현 중인 기업입니다.

게다가 테슬라는 이동 수단을 넘어 에너지 시스템까지 통합하는 기업으로 변모하고 있습니다. 메가팩, 파워월 같은 제품을 통해 분산형 에너지 시장에 진입하고 있는데, 완전 자율주행이 실현

되면 테슬라 차량은 단순한 이동 수단이 아니라, 움직이는 에너지 저장소가 됩니다. 예를 들어, 도시를 떠돌던 자율주행 차량이 심야 전력 요금이 저렴한 시간대에는 충전소로 향하고 낮에는 로보택시로 운행되거나 집에 전력을 공급합니다. 주차된 전기차 수천 대가 하나의 분산형 에너지 인프라처럼 작동하는 것이죠. 이는 도시 전체의 전력 수급을 더 안정적이고 효율적으로 만드는 기반이 됩니다. 비 오는 날 숲이 물을 저장하고, 가뭄에 물을 흘려보내듯, 테슬라는 도시의 에너지 순환 시스템까지 만들고 있는 셈입니다.

테슬라에 투자한다는 건, 하루하루 출렁이는 숫자를 견디면서도, 이 거대한 흐름에 올라타는 용기를 갖는 일입니다.

테슬라 투자 전략: 안정적인 심리상태 유지하는 법

저는 흔들리는 주가에 섣부르게 움직이지 않기 위해서 일론 머스크의 발언이나 행동을 북한의 미사일과 비슷하게 받아들이기로 했습니다. 미사일 발사 소식을 듣고 마트로 달려가서 비상식량을 구매하는 분은 없을 겁니다. 예상할 수 있는 일이니까요.

믿음을 갖고 테슬라에 투자하지만, 일론 머스크가 언제든 폭탄 발언을 할 수 있다는 점을 늘 생각합니다. 그러면 패닉에 빠져 주식을 매도하는 일은 피할 수 있습니다. 오히려, 단기적으로 하락하면 저가 매수 기회로 활용할 수 있는 용기를 얻게 되기도 합니다.

하지만, 투자 초보자들은 겁이 날 수 있습니다. 그런 분들에게 제가 추천하는 가장 단순하면서도 강력한 전략 중 하나는 매일 같은 금액을 일정 종목에 투자하는 것입니다. 이른바 Dollar-Cost Averaging (DCA) 전략입니다.

매일 10달러씩 투자한다고 가정해 보겠습니다. 주가가 높을 때는 적은 수량을, 주가가 떨어질 때는 더 많은 수량을 자동으로 매수하게 됩니다. 이는 감정의 개입을 줄여주고, 평균 매입 단가를 자연스럽게 낮추는 효과를 줍니다.

특히 테슬라처럼 등락 폭이 큰 주식은 DCA 전략의 효과가 더 두드러집니다. 테슬라의 주가가 아무리 변동성이 크더라도, 단기 타이밍을 맞추려는 시도를 줄이고, 장기적으로 주가의 평균화 흐름에 탑승할 수 있기 때문입니다. 투자 금액이 커질수록 효과가 줄어들지만, 아직은 괜찮습니다.

이 전략은 투자를 일상의 루틴으로 만듭니다. 자동으로 매수를 하니, 매일 고민하거나 불안해할 필요 없이 마음 편히 장기적인 수익을 기다릴 수 있습니다. 직접 매수해야 했던 과거와 달리, 자동으로 매일 모으는 것도 가능해졌습니다. 카카오페이나, 토스처럼 새롭게 증권시장에 진입한 기업들이 매일 모으기 서비스를 제공하기 시작했고, 전통 증권사들도 유사한 서비스를 내놓고 있습니다. 최소 투자 금액이 천원부터 시작하기 때문에 부담도 적고, 수수료를 면제해 주는 이벤트까지 하니, 독자 여러분도 한번 시도해 보시면 좋겠습니다.

테슬라 투자 시 한국과 글로벌 투자자의 온도차 주의하기

테슬라의 주주 구성을 보면, 한국인 투자자는 일론 머스크와 글로벌 자산운용사(뱅가드, 블랙록 등)에 이어 여섯 번째로 많은 주식을 보유한 것으로 알려져 있습니다.

2025년 11월 기준, 테슬라는 세계 시가총액 10위 기업입니다. 하지만, 한국에서는 5년 넘게 부동의 해외주식 보유량 1위를 차지하고 있습니다. 그동안 글로벌 1위 기업이 교체되었고, 테슬라의 시총 순위도 여러 번 오르내렸음에도, 한국인의 관심은 한결같았습니다. 그만큼 한쪽으로 쏠려 있다는 뜻이죠.

이 과열이 위험한 이유는 아무리 좋은 기업이라도, 가치보다 고평가되는 구간이 있기 때문입니다. 해외에서 성장 둔화와 리스크를 논의할 때도 한국에서는 여전히 낙관론이 우세합니다.

테슬라를 완전히 피하라는 뜻이 아니라, 한국과 글로벌 투자자 간의 온도 차를 알고 있어야 한다는 것입니다. 주변의 한국인 투자자가 테슬라의 주가 상승에 흥분하며 한 방향으로 달리고 있다면 일부라도 이익을 실현해야 할 시점일 수 있습니다.

팔란티어,
믿어도 될까요?

팔란티어 기업 요약

팔란티어: 데이터로 세상을 지키는 회사

기업명(티커): Palantir Technologies Inc. (PLTR)

주요 사업: AI 기반 데이터 분석 소프트웨어

시가총액 (2025년 10월 1일 기준): $4,327억

설립 연도: 2003년

CEO: 알렉스 카프 (Alex Karp)

이사회 의장: 피터 틸 (Peter Thiel)

5년 수익률 (2020.10~2025.09): +1,859% (약 19.6배)

한국인들은 팔란티어를 알아보았다

팔란티어는 최근 1년 동안 한국인들에게 많이 선택받은 기업 중 하나입니다. 2024년 12월 초까지만 해도 보유량이 10위 밖에 있었는데, 2025년 4월 말부터는 애플, 마이크로소프트를 제치고 한국인이 세 번째로 많이 보유한 기업이 되었습니다. 시가총액은 20위권 밖인 것을 고려하면 한국인이 AI 투자에 얼마나 진심인지 체감하게 됩니다.

어떤 점이 팔란티어를 선택하게 만든 것일까요? 팔란티어는 스토리가 강한 AI 기업입니다. 미국 정보기관과 연결되어 영화적 상상력을 자극합니다. 팔란티어의 프로그램이 911테러의 배후인 빈라덴 제거 작전에 활용된 것으로 알려져 있기도 합니다. 러시아-우크라이나 전쟁이나 이스라엘-팔레스타인 분쟁 등 갈등이 심화되는 국제정세도 관심도를 끌어올리는 요인 중 하나입니다.

한국 내에서도 협업이 늘어나면서 언론에 노출되는 빈도 또한 높아지고 있습니다. HD현대와 파트너십을 맺고 조선과 방산 분야의 실적을 확보하는 중이고, KT, LIG넥스원 등과 협업하면서 사업 영역을 확대하고 있습니다.

팔란티어 투자를 외면했던 이유

제가 팔란티어를 알게 된 것은 2019년입니다. 팔란티어는 지금은 HD현대에 인수된 두산인프라코어와 전략적 제휴를 맺으며 한국 시장에 진출했습니다. 컨설턴트로 일하던 시기인데, 두산인프라코어에 강연하러 갈 때마다 팔란티어가 디지털 혁신을 끌어내는 사례를 확인하곤 했습니다.

빅데이터를 통해 실질적인 성과를 내는 기업이 많지 않았던 당시, 새로운 시도를 하던 모습은 인상적이었습니다. 부서별로 흩어진 데이터를 모으고, 기준 데이터를 연결하면서 단순한 데이터 대시보드가 아니라 업무 운영체계를 만들어 갔습니다. 실제 업무가 바뀌는 사례를 들으면서 팔란티어가 단순한 빅데이터 스타트업이 아님을 알게 되었습니다.

좋은 기업인 것은 알았지만, 팔란티어를 투자 대상으로 보지는 않았습니다. 아니, 정확히 말하면 의도적으로 외면했습니다. 돈을 벌더라도, 생명을 해치는 사업에는 투자하지 않겠다는 〈돈의 속성〉의 저자 김승호 회장의 원칙을 따르고 있거든요. 그래서 팔란티어가 아무리 AI로 유명해지고, 뉴스에 자주 나와도 일부러 그 이름을 멀리했습니다.

팔란티어는 CIA 산하 벤처캐피털인 인큐텔(In-Q-Tel)의 초기 투자를 받아 시작된 기업입니다. 방대한 데이터를 통합 분석해서 실시간으로 의사결정을 지원하는 기술을 가지고 있습니다. 미국 국방부와 CIA, FBI 등에서 테러 방지, 사이버 보안, 전장 상황 분석, 재난 구조 등에 활용되고 있습니다. 이 기술의 목적이 공격인 것은 아닙니다. 하지만, 국방 AI의 대표주자, CIA 자금으로 탄생한 기업이니, 제 원칙에 위배 된다고 생각했습니다.

그러던 어느 날, 놀라운 사실을 알게 되었습니다. 김승호 회장이 팔란티어에 투자하고 있었다는 것입니다. 그는 팔란티어가 상장한 후부터 꾸준히 사 모았다고 합니다. 정말 의아했습니다. '생명을 해치는 일에는 투자하지 않는다'라고 했던 그가, 어떻게 국방 AI 기업에 투자하게 되었을까요?

팔란티어는 모든 기업의 어머니가 될 기업이다

김승호 회장은 창업자 피터 틸이 쓴 〈제로 투 원〉을 읽고 팔란티어를 알게 되었다고 합니다. 그는 한 강의에서 팔란티어를 '모든 회사의 새엄마'라고 표현했습니다. 팔란티어를 만나는 기업은 기존의 모습을 탈피하여 새로운 조직으로 재창조된다는 것입니다.

그 말을 듣고, 팔란티어의 매출 구성을 살펴보았습니다. 과거에는 대부분 정부와 군 계약에 의존했지만, 최근에는 민간 기업 매출 비중이 절반 가까이 증가했습니다. 제조업, 물류, 금융, 에너지 등 다양한 산업으로 확장하고 있었습니다.

팔란티어는 컨설팅을 제공하고, 시스템과 구독 형태의 서비스를 제공하여 수익을 창출합니다. 민간 기업에서 팔란티어의 시스템을 도입할 때 데이터를 통합하는 작업을 하면서 시스템을 중심으로 업무 흐름이 재설계 됩니다. 하던 대로 하는 것이 아니라 본질적인 변화가 수반되고, 데이터로 일하는 문화까지 정착시킵니다.

저는 그제야 깨달았습니다. 팔란티어는 단순한 군사용 소프트웨어 기업이 아니라, AI 기반 데이터 플랫폼 기업으로 진화하고 있었습니다. 원칙을 단편적으로 해석했던 과거의 투자 기준이 중요한 기회를 가로막고 있었던 셈입니다.

팔란티어의 솔루션은 크게 4가지입니다. 정부나 국방의 의사결정을 지원하는 고담, 민간 데이터를 운영하는 플랫폼인 파운드리, 이 둘을 유지 보수하기 위한 아폴로, 내부 네트워크에서 생성형 인공지능서비스를 제공하는 AIP로 구성되어 있습니다. 이 솔루션들이 고객의 상황에 맞게 조합되면서 부가가치를 창출합니다. AI 시대의 기업은 데이터를 수집하고, 해석하고, 연결할 수 있어야 생존할 수 있습니다. 이 모든 과정을 가능하게 하는 팔란티어의 기술은 이미 민간 기업에도 필수적인 인프라로 자리 잡았습니다.

이미 달라진 현실을 받아들이기로 했습니다. 팔란티어는 더 이상 군이나 정부를 대상으로 하는 특수 목적 기술에 머물러 있지 않습니다. 저는 그 사실을 뒤늦게 이해했지만, 팔란티어의 주주가 되기로 결심했습니다. 늦은 만큼 더 높은 가격을 내야 했지만요.

팔란티어의 핵심은 고객 락인효과

팔란티어에서 가장 중요한 기술은 '온톨로지'라는 기술입니다. 온톨로지는 단순히 데이터를 분석하는 것을 넘어, 개별 데이터들이 어떻게 서로 연결되는지 구조화하고 이해하는 기술입니다. 예를 들면, 창고의 부품 하나하나를 정확히 분류하고, 어떤 부품이 어디에 쓰이고, 다른 부품과 어떻게 맞물리는지, 더 나아가 공급망 정보까지 연결하여 설계도처럼 그려주는 역할을 합니다.

온톨로지 기술로 부서와 업무를 촘촘히 연결해 놓으면, 이 플랫폼이 기업의 의사결정과 실행의 중심이 됩니다. 한 번 도입하면, 시간이 지날수록 더 많은 데이터가 쌓이고, 더 정교하게 맞춰집니다. 각 부서의 일하는 방식, 데이터 해석 기준, 보고 체계까지 바꾸게 되면 결국 팔란티어 없이는 돌아가기 어려운 상태가 됩니다. 이쯤 되면 데이터 플랫폼을 교체하는 것은 기술적인 문제를 넘어 기업의 사고방식을 바꾸는 일이 되어 버립니다. 이런 락인효과가 팔란티어의 진짜 경쟁력입니다.

락인효과는 과거 ERP(Enterprise Resource Planning) 시장에서도 비슷하게 나타났습니다. ERP는 기업의 모든 자원을 관리하는 뼈대 역할을 합니다. 그 시장을 지배한 기업이 독일의 SAP입니다. 전 세계 글로벌 제조 대기업의 상당수가 SAP의 ERP 시스템을 사용하고 있으며, 글로벌 ERP 시장에서 가장 널리 사용되는 표준입니다.

기업은 제품개발부터 구매, 생산, 재고 관리, 판매, 재무, 회계, 인사까지 거의 모든 경영 활동을 ERP에 의존합니다. 업무 프로세스와 연결되다 보니, 한 번 도입하면 바꾸기가 거의 불가능합니다. SAP의 락인효과로 인한 안정적인 수익성의 가치를 인정받아, SAP는 독일 증시의 대표 지수인 DAX에서 단일 기업으로 가장 높은 비중(약 15%)을 차지하고 있습니다.

팔란티어는 AI 시대에 이와 같은 위치를 차지하려는 기업입니다. ERP는 1990~2000년대 글로벌 제조업의 필수 인프라였고, 그 시장을 장악한 SAP는 독일을 대표하는 기업이 되었습니다. ERP가 뼈대였다면 팔란티어의 데이터 플랫폼은 기업의 두뇌에 해당합니다. 데이터와 AI를 결합한 팔란티어의 솔루션은 미래의 필수 인프라가 되어 가고 있습니다.

팔란티어 같은 두뇌 없이는 글로벌 경쟁에서 승리하기 어려운 시대가 오고 있습니다. SAP로 구축한 뼈대를 바꾸려는 기업이 없었던 것처럼, 한 번 탑재한 두뇌를 바꾸려는 기업도 없을 것입니다. 이 구조는 시간이 지날수록 팔란티어의 본질가치를 높일 것입니다.

기업 공부, 어떻게 시작할까요?

지금까지 한국인이 사랑하는 TOP 3 기업에 투자하면서 제가 겪은 일들을 소개했습니다. 한국인들은 스토리에 혹하는 경향이 있다고들 합니다. AI 주식 투자에 있어서 저는 이것이 정말 큰 장점이라고 생각합니다. 긴 시계열에서 바라보려면 단기적인 숫자보다 스토리로 이해하는 것이 더 도움이 되니까요.

주식을 구매한 이후 팔고 싶다는 생각이 들거나 흔들리는 이유는 내 회사에 대해 믿음이 부족하기 때문입니다. 믿음이 없는 이유는 회사의 본질과 가치를 잘 모르기 때문입니다.

Part 2를 읽고, 왠지 공부가 필요할 것 같다고 느끼신다면 투자자로서 여러분의 여정이 시작되었다는 뜻입니다. 투자는 지식의 싸움이 아니지만, 내가 투자할 회사에 관한 공부는 필요합니다. 앎이 있어야 믿을 수 있고, 믿음이 있어야 오래 보유할 수 있거든요.

그렇다면 보유하기 위해 해야 할 공부는 무엇일까요? 오판을 줄이는 방법은 정석대로 하는 것입니다. 공부를 잘못하면 잘못된 결론을 내릴 수 있습니다. 주식을 천천히 모아가면서 언론에서 말하는 내용에 흔들리지 않고, 무엇이 중요한지를 파악할 수 있는 눈이 필요합니다. 제가 생각하는 정석은 주주로서, 내 회사를 운영해 보겠다는 마음으로 공부하는 것입니다. 그런 마음으로 공부한다면 어떤 방법이든 관계없습니다. 내가 운영하는 내 회사인데 지분을 쉽게 팔 리는 없잖아요.

그럼에도 어디부터 출발할지 모르겠다면 제가 생각하는 기초를 소개하고자 합니다. 조금 어렵지만, 가장 확실하고 정확한 방법입니다. 투자하는 순간, 이제는 내 회사입니다. 아무리 재무 지식이 없더라도, 숫자만 봐도 머리가 아프더라도, 돈을 어떻게 벌고 있는지 정도는 궁금하잖아요? 언론이나 유튜브를 통해 남들이 얘기하는 정보 말고, 내 회사에서 직접 알려주는 공식적인 발표를 확인하는 겁니다.

미국의 상장사들은 회사의 방향성과 재무 정보를 모두 공개하고 있습니다. 특히, 회사에서 매년 발표하는 10K 보고서는 지난 1년간의 성과를 투명하게 보여줍니다. 구글에서 '엔비디아 10K', '테슬라 10K', '팔란티어 10K'를 입력하시면 각 회사의 공식 홈페이지에서 제공하는 정보를 다운받을 수 있습니다.

방대한 영어 자료이지만, AI 시대에는 진입장벽이 낮아졌습니다. 번역기 돌려가며 살펴볼 수 있고, AI를 통해 요약보고서를 볼 수도 있습니다. 처음 시작할 때는 전부 다 볼 필요는 없습니다. 기업의 매출 변화(돈을 어떻게 벌었지?)를 살펴보면서 시작하시기를 바랍니다. 기업의 매출 변화를 볼 줄 알게 되면 기업의 메인 스토리에 집중하고, 작은 스토리를 무시할 수 있게 될 것입니다.

   AI 시대, 챗GPT는 쓰지만 엔비디아는 놓쳤습니다

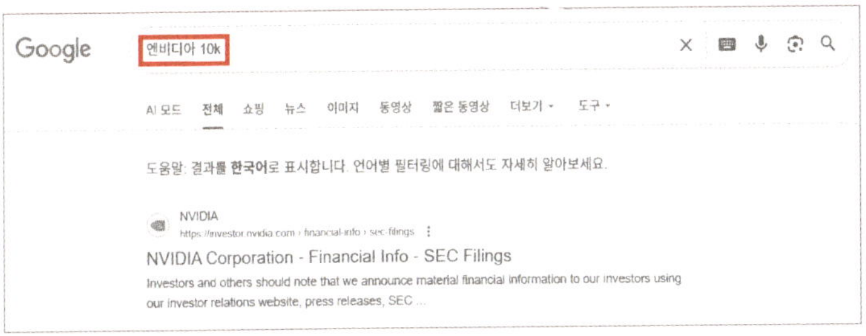

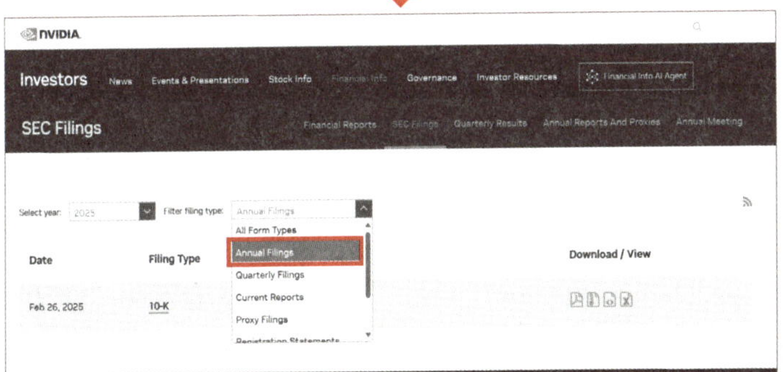

구글 검색창에 기업명과 10K를 입력합니다. (예: 엔비디아 10K)
'SEC Fillings'가 적혀 있는 사이트를 클릭해서 공식 홈페이지로 접속하면 기업에서 공개하는 재무 정보를 확인할 수 있습니다. 여기서 Annual Fillings 또는 Annual Report를 클릭하면 보고서를 다운로드 받을 수 있습니다.
(예: 엔비디아 공식홈페이지의 재무정보 사이트: https://investor.nvidia.com/financial-info/sec-filings/default.aspx)

투자 기업을 늘리고 비중 조절하기 (달성 목표: 3개월)

1단계에서 한 종목이라도 매수해 보셨다면, 이제 다음 단계입니다. 이제는 투자 종목을 늘리고, 비중을 나누어 보는 연습을 해봅시다. 처음에는 아내도 "왜 굳이 나누어야 하지?"라고 물었는데, 막상 해보니 분산투자를 실습하는 훈련이자 심리적으로 균형을 잡는 연습이 되더군요.

로드맵 2단계의 목적은 '내 투자 성향 파악하기'입니다. 엔비디아, 테슬라, 팔란티어는 AI 테마가 강한 기업이지만, 사업영역, 경영방식, CEO의 리더십 스타일이 모두 다릅니다. 분산 투자 효과를 얻는 것이죠. 투자하면서 어떤 종목에 마음이 가느냐에 따라 내가 선호하는 기업의 특징을 파악해 볼 수도 있습니다.

아래 세 가지 방법 중에 선택하여 무엇이 더 내 마음에 맞는지 느껴 보세요. 각 비중 전략은 성과도 다르지만, 투자할 때 감정의 흐름도 완전히 달라집니다.

아내의 경우 기계적인 안정감이 있어야 투자를 오래 할 수 있다면서 1번을 선택했습니다. 저는 투자하면서 약간의 스릴이 있어야 재미를 느끼고 오래 투자할 수 있을 것 같아서 3번처럼 투자했지만, 시장의 변화를 겪으면서 2번으로 정착해 가고 있습니다.

정답은 없습니다. 여러분이 투자를 꾸준하게 지속할 수 있는 방식이 최고의 전략입니다.

1. 같은 비중으로 모으기 (투자 비중 1:1:1)

엔비디아, 테슬라, 팔란티어를 1:1:1로 나누어 보유합니다. 투자금이 300만 원이라면 각 종목에 100만 원씩 투자하는 방법입니다. 항상 완벽하게 동일한 금액을 맞추는 것이 아니라, 주기적으로 비중을 유사하게 맞춘다는 것이 포인트입니다.

이 방법은 가장 기계적으로 접근할 수 있기 때문에 심리적으로도 가장 안정적입니다. 3개 종목 중 상승률이 높은 종목은 일부 매도하고, 상승률이 낮은 종목은 매수하게 됩니다. 자동으로 분할매수 분할매도를 실천할 수 있습니다. 셋 중 확신이 가는 종목이 없을 때나, 모두 괜찮아 보일 때 선택하면 좋습니다.

2. 우선순위를 정해 분산하기 (투자 비중 5:3:2)

가장 자신 있는 종목에 비중을 높이고, 나머지는 적절한 비중에 따라 분산 투자합니다. 보통은 시가총액 순으로 정하는 것이 가장 안정적입니다. 현시점에서는 엔비디아 5: 테슬라 3: 팔란티어 2의 비중으로 정할 수 있습니다.

이 비중이 절대적인 수치는 아닙니다. 순서를 매기고, 그에 따른 비중을 적절하게 조절하라는 뜻입니다. 투자하다 보면 시가총액 순위가 변하기도 하고, 가장 좋게 본 종목보다 그렇지 못한 종목의 상승률이 더 커지는 경우가 있습니다. 그럴 경우, 1순위를 바꾸거나 내 우선순위에 맞게 비중을 다시 조정하면 됩니다.

3. 집중 투자로 모으기 (투자 비중 8:1:1)

한 종목에 강한 확신이 생겼다면 집중하여 투자하는 전략입니다. 이 방법의 장점은 특정 기업에 관한 공부에 집중해 볼 수 있다는 것입니다. 단점이라면, 심리적으로 변동성이 크다는 것입니다. 내가 집중한 종목이 급등한다면 뿌듯함을 느끼겠지만, 급락하거나 거의 움직이지 않는다면 다른 투자 방식보다 불안감이 커질 수도 있습니다.

그럼에도 나머지 종목을 반드시 추가해야 하는 이유는 한가지 종목과 사랑에 빠지는 것은 방지하고, 시장의 변화를 통합적으로 바라보기 위해서입니다. 최소의 금액이라도 다른 종목을 보유하고 있다면 수익률과 시장의 변화를 느끼고 최소한의 공부를 하게 됩니다. 확신

의 대상이 바뀐다면 가장 비중이 높은 종목의 비중을 과감히 줄이고,
다른 종목으로 비중을 옮기면 됩니다.

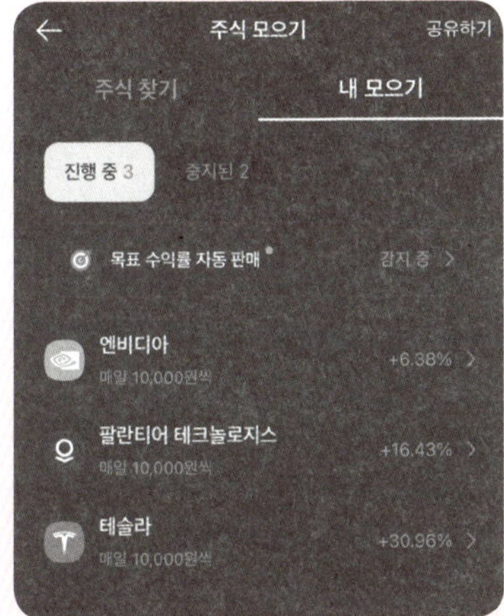

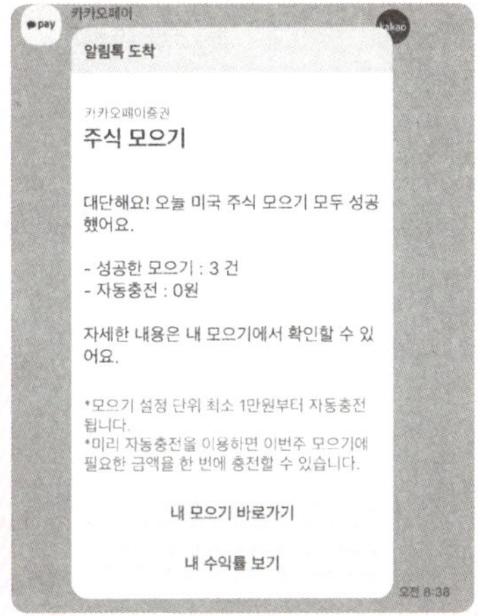

Part **3**

ETF로
자산 배분 시작하기

지금까지 AI가 바꿀 미래와 그 변화를 주도할 주요 기업들을 살펴봤습니다. AI 기업의 매력과 투자 과정에서 마주하게 될 투자 심리의 파도도 함께 경험해 보았습니다.

Part 2에서는 종목이 정해지더라도 투자 방법이 다양하고, 심리적인 변화도 다르다는 사실을 알게 되셨을 것입니다. 유망하다고 평가받는 엔비디아, 테슬라, 팔란티어 3가지 종목조차 변동성을 견딜 수 없다면 소용이 없습니다.

AI 주식 투자만으로도 충분히 수익을 낼 수 있습니다. 하지만, AI 투자로 수익을 냈다는 사실이 곧 '균형 잡힌 투자자'라는 뜻은 아닙니다. 경제위기, 기술주의 조정, 특정한 기업의 실적 쇼크는 언제든 찾아올 수 있습니다.

소수의 자산에 집중하는 투자는 성공하면 큰 수익을 가져다줍니다. 단순하고 우직하게, 한 종목을 오랫동안 모아 수십억의 자산가가 된 사람들도 있습니다. 하지만 그건 아무나 걸어갈 수 있는 길이 아닙니다. 대부분의 사람은 특정 시점에서 리스크 분산을 고민하게 됩니다.

자산 규모가 커질수록 한가지 종류의 자산에만 집중하는 전략은 오히려 위험요소가 됩니다. AI라는 거대한 패러다임 전환 속에서 몇 개 종목에만 의존하는 것은, 파도가 거센 동안에는 짜릿하지만 언젠가 파도가 잦아들면 바다 한가운데에서 오도가도 못한채 큰 손해를 보게 될 수 있습니다.

자산이 쌓여갈수록 돈을 잃지 않는 것의 중요성은 기하급수적으로 커집니다. 10% 하락이 천만 원일 때와, 1억 원일 때, 그리고 5억 원일 때의 심리적 무게는 전혀 다릅니다.

이제는 AI 주식에 투자하면서 번 돈을 지키는 법을 고민할 차례입니다. 인류는 오래전부터 이 질문을 던졌고, 답의 핵심은 언제나 같았습니다. 나누어 담아라. 고대에도 자산을 나누는 법을 고민했고, 근대 금융은 위험을 쪼개어 배분하는 방법을 발전시켰습니다. 원리는 단순하지만, 실행 도구는 더 정교해졌습니다.

Part 3는 수익을 추구하면서도 위험을 관리하는 방법을 다룹니다. 자산을 어떻게 나누고, 배분할지 살펴보겠습니다. 자산 배분을 개인 투자자가 가장 쉽게 실천하는 도구인 ETF(상장지수펀드) 활용법까지 함께 고민해 보겠습니다.

리스크 분산을 위해서는 다양한 자산군에 대한 이해가 필요합니다. 채권, 금, 원자재와 같은 자산은 AI와 직접적으로 연결되지 않아 보이지만, AI 시대에도 여전히 자산의 수명을 늘려줍니다.

ETF를 통해 AI 시대에 각 자산의 의미와 역할을 재해석하며 AI로 번 돈을 어떻게 지키고 오래 불릴 수 있을지 구체적인 방법을 살펴볼 것입니다. 이제 초보 투자자에서 지속 가능한 투자자가 되기 위한 여정을 시작합니다.

007
포트폴리오
이론

달걀을 옮겨 담아야 할 때

포트폴리오(portfolio)라는 단어는 원래 투자 용어가 아닙니다. 라틴어 portare(운반하다)와 folium(종이)이 합쳐져, '서류를 넣어 들고 다니는 가방'을 뜻했습니다. 18~19세기에는 화가나 건축가들이 자신의 작품을 담아 다니는 가방을 이렇게 불렀습니다. 금융권에서 포트폴리오가 사용되기 시작한 것은 19세기 말입니다. 은행과 증권사들이 자신들이 보유한 주식과 채권의 목록을 '증권 포트폴리오'라고 부르기 시작하면서 지금까지 이어져 오고 있습니다.

'달걀을 한 바구니에 담지 말라'는 표현을 들어본 적 있으시

죠? 1952년, 미국의 경제학자 해리 마코위츠는 〈포트폴리오 선택
(Portfolio Selection)〉이라는 논문에서 이 속담을 수학적으로 증명
했습니다. 자산을 여러 바구니에 나눠 담으면 위험을 줄일 수 있
다는 것입니다.

그런데 투자에서 위험하다는 것은 무슨 뜻일까요? '돈을 잃을
가능성'을 먼저 떠올리실지도 모르겠지만, 여기서 '위험'은 손실
가능성보다 변동성을 의미합니다. 자산 가격이 출렁이면 심리적
인 변화도 커집니다. 오늘은 수익이 불어나 의기양양하다가도, 내
일은 절반이 사라져 불안과 후회에 시달릴 수 있습니다.

지금까지 여러분이 구성한 포트폴리오는 그런 면에서 꽤 위험
한 구성입니다. 엔비디아, 테슬라, 팔란티어를 나눠 샀으니, 분산
투자라고 생각하실지 모르겠습니다. 하지만, 세 종목 모두 AI라는
하나의 산업 흐름에 강하게 묶여 있습니다.

지금까지 AI 주식으로 포트폴리오를 구성하라고 해놓고 갑자기
위험하다고 하면 어쩌라는 거냐? 반문하실지도 모르겠습니다. 위
험한 포트폴리오를 먼저 구성하도록 한 것은 달걀을 몇 개라도 사
야 하기 때문입니다.

달걀이 여러 개 있어야 깨질 것이 걱정되는 것이지, 달걀이 한
개뿐이라면 바구니를 여러 개 준비해 봐야 무슨 소용일까요? 처
음부터 여러 바구니를 장만하시라고 했다면, 달걀을 사기도 전에

흥미를 잃었을지도 모릅니다. 수익이 아까워질 정도는 모아야 위험에 대해 의미 있게 생각할 수 있습니다.

지금까지 주식을 샀다 팔았다 하셨던 분들도 있을 겁니다. 어느 정도 수익을 보신 분들도 있겠죠. 하지만, 그런 분들은 달걀로 저글링을 하고 계신 겁니다. 다행히 깨지지 않았더라도 그 방법을 지속하기는 어렵습니다. (수많은 실패를 겪어야 가능한 일이지만, 저글링 고수들은 분명 존재합니다. 그 길을 택하는 분들을 위한 내용은 이 책의 범위를 벗어납니다.)

우리는 저글링이 아닌 다른 길을 택할 수 있습니다. AI 주식으로 공격적 수익을 추구하면서도, 동시에 방어막을 구축하는 것입니다. 그 방어막의 첫 번째 층이 바로 광범위한 분산투자입니다.

전통적인 포트폴리오: 탈무드의 지혜

인류는 아주 오래전부터 자산을 축적하고 지키는 방법에 대해 고민해 왔습니다. 대표적인 예시인 탈무드 포트폴리오는 고대 유대인들의 지혜라고 불리며 널리 알려져 있습니다.

"사람은 언제나 자신의 돈을 세 부분으로 나누어야 한다.

1/3은 땅에, 1/3은 장사(상품, 사업)에, 1/3은 손(현금)에 두어라."

지금 읽으면 마치 현대의 자산 배분 전략을 말하는 것 같지만,

3~5세기부터 기록되기 시작한 유대인들의 생활 속 지혜가 여러 시대를 거쳐 변형되는 과정에서 현대인들에게 투자 전략처럼 차용된 것입니다. 이 구절이 언제부터 등장했고, 알려졌는지는 여러 설이 있습니다. 일부 학자들은 탈무드 원문에서 이와 같은 구절을 찾기 어렵다는 지적을 하기도 합니다. 하지만, 유대인들이 상품을 거래하면서 번 돈을 안전하게 보관하는 방법을 고민하던 가운데 등장한 지혜라는 점은 분명합니다.

그 시대를 살아가던 사람들에게 자산이라 할 수 있는 것은 많지 않았습니다. 땅, 상품, 현금은 당시의 주요 자산 형태를 대표합니다. 농업 사회에서 땅은 부의 기본이자 안정적인 기반이었고, 상품은 장사를 통해 재산을 불리는 수단이었습니다. 현금은 도난 위험이 크고 가치가 흔들릴 수 있지만, 위기 상황에서 즉시 사용할 수 있는 생존 자산이기도 했습니다. (당시에는 중앙은행이 발행하는 화폐가 없었으니, 금화나 은화 같은 귀금속 기반의 화폐나 교환 수단이었겠죠)

지금은 내 소유가 인정받고 거래가 안전하다는 믿음이 당연하게 여겨지는 자본주의 사회이지만, 인류 역사를 놓고 보면 수많은 변화가 있었습니다. 탈무드 식 분산투자는 유대인들이 흉작, 전쟁, 강제 징발, 정치적 격변 등으로 자산 기반을 잃어버릴 위험이 큰 상황에서도 살아남게 도와주었을 것입니다. 2천 년 전에도 하나의 자산에 모든 것을 걸면 안 된다는 진리는 유효했던 것입니다.

탈무드 포트폴리오 전략을 현대에 그대로 받아들이기는 어렵지만, 위험을 분산해야 한다는 핵심 원리는 오늘날에도 크게 다르지않습니다.

영구 포트폴리오: 1970년대 혼돈 속에서 태어난 생존 전략

탈무드의 지혜가 고대의 생활 경험에서 나왔다면, 우리가 아는 포트폴리오 이론은 20세기 금융 시장의 혼란 속에서 탄생했습니다. 유대인들이 경험을 통해 터득한 분산의 지혜는 2천 년이 지난 뒤 20세기 금융위기 속에서 다시 확인되었습니다. 고대의 지혜가 현대에는 어떻게 발전했을까요?

1970년대 미국은 전례 없는 경제적 악몽에 빠져 있었습니다. 1973년과 1979년 두 차례의 오일 쇼크로 유가는 4배 이상 폭등했고, 물가상승률은 두 자릿수를 기록했습니다. 동시에 실업률도 치솟으면서 '스태그플레이션'이라는 새로운 용어까지 만들어졌습니다. 경기 침체에도 물가는 오르는, 기존 경제학 이론으로는 설명할 수 없는 상황이었죠.

투자자들은 갈 곳을 잃었습니다. 주식은 1973년부터 2년간 절반 가까이 폭락했고, 채권은 인플레이션 때문에 실질 가치가 떨어졌습니다. 전문가들의 예측도 번번이 빗나갔습니다. 어디에 돈을 두어야 할지 아무도 확신할 수 없었습니다. 이 시기를 살아가던 경제학자이자 투자 자문가 해리 브라운(Harry Browne)은 한 가지 질문에 매달렸습니다.

"어떤 투자 방법이면 이런 혼란 속에서도 살아남을 수 있을까?"

그는 1929년 대공황, 1940년대 전시 인플레이션, 1950년대 경기 호황, 1960년대 성장 둔화까지 온갖 경제 상황을 시뮬레이션했습니다. 그리고 마침내 하나의 깨달음에 도달했습니다.

"완벽한 경제 예측은 불가능하다. 그렇다면 모든 상황에 대비하자."

1980년대 초반, 브라운은 자신의 해답을 공개했습니다. 주식 25%, 장기국채 25%, 금 25%, 현금 25%. 바로 영구 포트폴리오(Permanent Portfolio)였습니다.

언뜻 보면 단순한 구조이지만, 이 단순함 뒤에는 자산별 특성에 대한 깊은 고민이 담겨 있습니다. 성장기에는 주식이, 침체기에는 장기채권이, 인플레이션에는 금이, 디플레이션에는 현금이 포트폴리오를 지켜줄 것이라고 봤습니다.

"나는 투자가 승자의 게임이 아니라 생존의 게임이라고 믿는다. 시장에서 퇴출당하지 않고 끝까지 남아 있는 자가 진정한 승자다."

브라운이 이 포트폴리오를 소개한 1980년대 이후의 장기 강세 장에서는 큰 기회비용을 치렀습니다. 주식시장이 연 15% 이상 치솟을 때 영구 포트폴리오는 7~9%에 머물렀기 때문입니다.

하지만, 그의 목표는 화려한 수익이 아니었습니다. 영구히 생존하는 것. 그래서 이름도 영구(permanent) 포트폴리오였습니다. 이 전략은 상승장에서 압도적인 수익을 노리는 것이 아니라, 위기가 찾아와도 끝까지 버티는 것이 목적입니다.

진가는 위기 때 드러났습니다. 이 전략의 효과가 검증되는 순간입니다. 2000년 닷컴 버블, 2008년 글로벌 금융위기, 2020년 코로나19 급락기에도 낙폭을 최소화하며 투자자들에게 폭락 장에서도 잠을 잘 수 있는 포트폴리오임을 증명했습니다. 특히 2008년 금융위기 때는 S&P500과 달리, 큰 손실을 피할 수 있었습니다.

더 중요한 것은 심리적 안정감이었습니다. 다른 투자자들이 시장 폭락에 밤잠을 설치며 공포에 떨 때, 영구 포트폴리오를 따른 사람들은 비교적 평온할 수 있었습니다. 폭등장에서 큰 수익을 놓치는 아쉬움은 있었지만, 폭락장에서 패닉에 빠져 잘못된 결정을 내릴 위험도 크게 줄일 수 있었습니다.

영구 포트폴리오도 완벽하지는 않습니다. 자산을 25%씩 균등 배분하는 방식은 단순하고 명쾌했지만, 장기적으로는 기회비용이 발생할 수밖에 없었습니다. 글로벌 금융 시장이 더 복잡해지고 자산군이 다양해 지는데, 이렇게 단순한 구조만으로는 충분치 않다는 지적이 나왔습니다. 그렇다면 안정성을 유지하면서도 운용 성과를 높이는 방법은 없을까요?

올웨더 포트폴리오

영구 포트폴리오가 보여준 단순함은 개인 투자자들에게 큰 울림을 주었지만, 금융권에서는 더 정교한 해법을 찾으려는 시도가 이어졌습니다. 그 선두에 선 사람이 세계 최대 헤지펀드 브리지워터의 창업자 레이 달리오(Ray Dalio)였습니다.

그 역시 해리 브라운처럼 미래를 정확히 예측하는 것은 불가능하다고 보았습니다. 하지만 그는 한 걸음 더 나아가, 경제를 네 가지 국면(성장, 침체, 인플레이션, 디플레이션)으로 단순화한 뒤, 각 상황에서 가장 잘 작동하는 자산의 비중을 적절하게 조합했습니다.

레이 달리오는 모든 날씨에 견딜 수 있는 올웨더(All Weather) 포트폴리오를 설계했습니다. 이름 그대로 어떤 경제 날씨에도 버티고 수익을 낼 수 있도록 만들었습니다. 주식 30%, 장기국채 40%, 중기 국채 15%, 원자재 7.5%, 금 7.5%. 언뜻 보기엔 영구 포트폴리오와 비슷해 보이지만, 중요한 차이가 있습니다.

첫째, 현금 비중을 크게 줄이고 채권으로 대체했습니다. 현금은

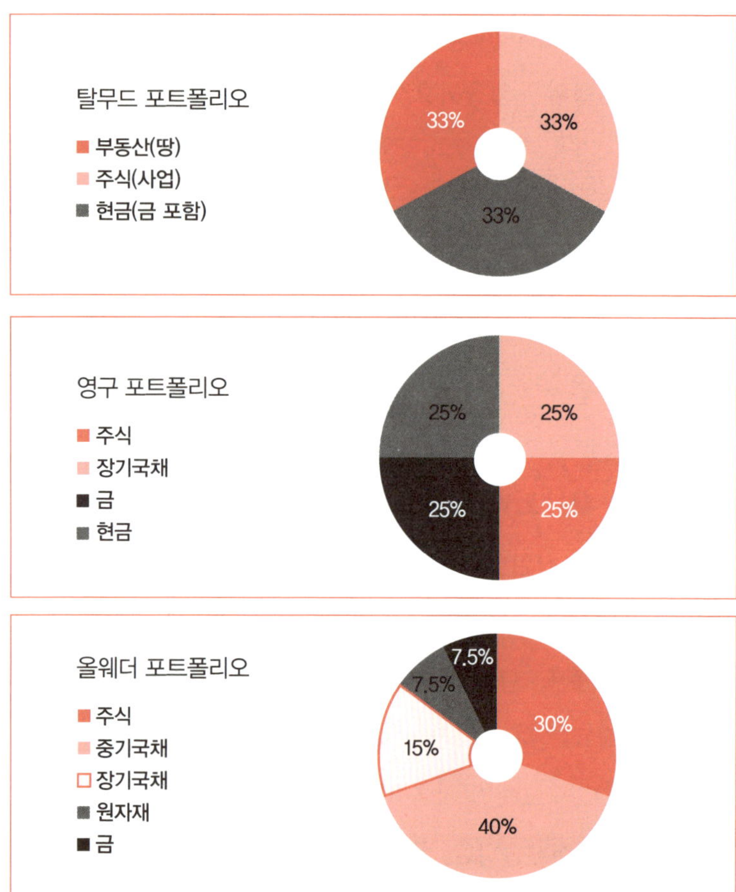

안정성을 주지만 장기적으로는 수익을 갉아먹기 때문에 유동성은 중기 국채로 확보하고 나머지는 채권 수익으로 돌렸습니다. 둘째,

포트폴리오에 원자재를 포함하여 인플레이션에 대응할 수 있는 자산을 추가했습니다. 셋째, 단순히 자산을 같은 비율로 나누지 않고, 위험 기여도(Risk Parity)를 고려했습니다. 변동성이 낮은 채권에는 더 큰 비중을, 변동성이 큰 주식에는 적은 비중을 두었습니다.

이 전략은 브리지워터가 세계 최대 규모의 자산운용사로 성장하는 기반이 되었습니다. 화려한 수익을 내기보다는, 어떤 경제 환경에서도 꾸준히 살아남는 것을 목표로 했다는 점에서 영구 포트폴리오와 뿌리는 같습니다. 덕분에 2008년 금융위기, 2020년 팬데믹과 같은 위기에도 비교적 안정적인 성과를 보였습니다.

포트폴리오 이론을 실행하는 최고의 도구, ETF

지금까지 살펴본 포트폴리오 이론들은 모두 훌륭하지만, 개인 투자자에게는 현실적인 문제가 있습니다. 영구 포트폴리오를 따라 하려면 주식, 장기국채, 금, 현금을 각각 25%씩 보유해야 합니다. 이를 위해서는 주식 계좌뿐 아니라, 국채 거래 계좌를 별도로 개설하고, 금 현물이나 금 관련 상품을 찾아야 하고, 적정 비율을 유지하기 위해 주기적으로 리밸런싱도 해야 합니다. 올웨더 전략은 더욱 복잡합니다. 원자재에 투자하려면 어떤 상품을 선택해야 할지, 중기 국채와 장기 국채는 어떻게 구분해서 사야 할지 막막

합니다.

다행히 오늘날 우리에게는 이 모든 복잡함을 한 번에 해결해 주는 혁신적인 도구가 있습니다. 바로 ETF(Exchange Traded Fund), '상장지수펀드'입니다.

앞으로 좀 더 자세히 알아 보겠지만, 주식 ETF 하나만 사도 수백, 수천 개의 주식에 분산 투자할 수 있고, 채권 ETF로는 복잡한 국채 거래 없이도 채권 투자가 가능합니다. 금이나 원자재 ETF는 현물에 대한 보관 걱정 없이 가격 변동을 그대로 따라갈 수 있게 해줍니다.

ETF 덕분에 개인도 과거 금융 전문가들만 할 수 있던 포트폴리오 전략을 손쉽게 구현할 수 있게 된 것입니다. 주식, 채권, 금, 원자재를 각각 담는 ETF를 적절히 조합하면 탈무드의 1/3 분산도, 해리 브라운의 영구 포트폴리오도, 레이 달리오의 올웨더 전략도 따라 할 수 있습니다. 누구든 '나만의 올웨더'를 만들 수도 있습니다.

AI 시대에도 분산하라는 원칙은 여전히 유효합니다. 아니, 오히려 더욱 중요해졌습니다. AI가 모든 산업을 바꾸고 있지만, 그 변화의 속도와 방향을 정확히 예측하기는 불가능하기 때문입니다.

얼마 전, 지인 중 한 명이 자랑스럽게 말했습니다. "나는 작년부터 ETF 투자를 시작했거든? QQQ를 샀는데 수익률이 대박이야!"

그런데 알고 보니 그분은 QQQ가 나스닥100을 추종한다는 것도, 나스닥100이 기술주 중심이라는 것도 모르고 있었습니다. 그냥 "ETF는 안전하다"라는 말만 듣고 샀던 거죠.

ETF는 단순히 위험을 줄이는 장치가 아닙니다. 투자 대상을 넓히고 균형을 잡아주는 방어막이자, 더 견고한 포트폴리오로 가는 출발점입니다.

그렇다면 ETF를 활용해 어떻게 AI 패러다임에 올라타면서도 불확실성에 대비할 수 있을까요? 다음 장에서는 지금까지 내가 모아온 자산에 ETF를 더하여 기존 포트폴리오를 보강하는 방법에 대해 차근차근 살펴보겠습니다.

글로벌 ETF 알아보기

:: 글로벌 ETF 알아보기 (ETFDB)

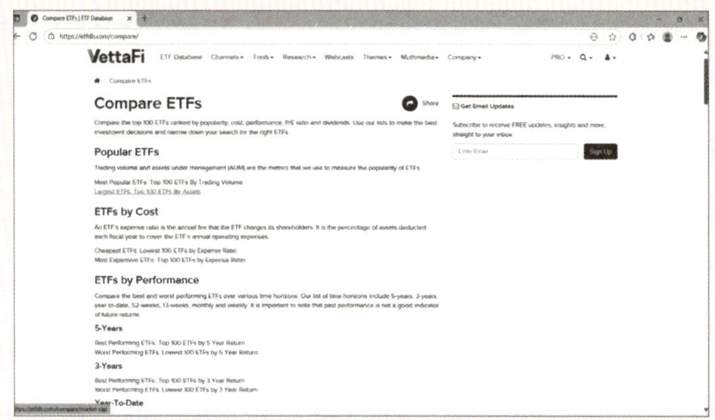

ETFDB (https://etfdb.com/) 는 전 세계 ETF를 검색하고 비교할 수 있는 대표적인 ETF 데이터베이스입니다. 자산군별, 지역별, 섹터별로 ETF를 분류하여 찾을 수 있고, 각 ETF의 보유 종목, 수수료, 성과 등을 비교할 수 있습니다.

제가 가장 자주 활용하는 메뉴는 'Compare ETFs'입니다. 특히 Largest ETFs: Top 100 ETFs By Assets 페이지에서는 운용자산규모(AUM) 기준으로 상위 100개 ETF를 순위별로 확인할 수 있습니다. AUM은 ETF의 규모를 나타내는 지표로, '발행 주식 수 × 주당 시장가격'으로 계산합니다. ETF의 시장가격은 실제 보유 자산의 가치와 약간

다를 수 있는데, 이 차이 때문에 ETF가 조금 비싸거나(프리미엄), 조금 싸게(디스카운트) 거래되기도 합니다. 규모가 큰 ETF일수록 거래량이 많고 안정적으로 운용되는 경향이 있어, 초보자라면 이 리스트부터 살펴보는 것을 추천합니다.

영구 포트폴리오나 올웨더 전략을 ETF로 구현하려면, 이후 장에서 설명할 각 자산군의 대표 ETF를 ETFDB에서 찾아보면 좋습니다. 주식(VOO), 채권(BND), 금(GLD) 같은 기본 ETF부터 시작해서 나에게 맞는 ETF를 선택하는 방식으로 확장하면 됩니다.

008
포트폴리오에 ETF 더하기

ETF라고 다 같은 ETF가 아니다

투자에 대한 이해도가 많이 높아졌지만, 아직도 "너, ETF 하니?" 와 같은 표현을 쓰는 사람들이 많습니다. 이런 질문이 제게는 "너, 외식하니?" 같이 들립니다. 식당의 종류가 많은 것처럼 ETF도 종류가 정말 다양하기 때문입니다.

전 세계에는 수많은 ETF가 운용되고 있습니다. 가장 규모가 큰 미국 ETF 시장만 살펴보아도, 상장된 ETF가 약 3,000개이고, 운용 자산 규모는 9~10조 달러에 달합니다. 한국의 GDP가 2조 달러가 조금 안 되는 걸 생각하면, ETF 시장만으로도 한국 경제 규모의 5배가 넘는 셈입니다.

이렇게 많은 선택지 앞에서 투자자들은 혼란에 빠집니다. "이것도 ETF, 저것도 ETF라는데 뭘 사야 하지?" 마치 처음 강남역에 도착한 외국인이 수십 개의 치킨집 간판을 보며 맛있는 K-치킨을 먹으려면 어디로 가야 할지 막막해하는 것과 비슷합니다.

주식이나 다른 자산을 선택해서 포트폴리오를 구성하고, 직접 투자하는 것이 재료를 골라서 레시피를 정하고 직접 요리를 하는 것이라면, ETF는 남들이 만들어 놓은 음식을 사 먹는 것과 비슷합니다. 집에서 직접 파스타를 만들려면 면을 삶고, 소스를 만들고, 토핑을 올리는 번거로움이 있지만, 맛집에 가면 완성된 요리를 바로 먹을 수 있습니다. 어떤 식당을 선택하느냐에 따라 만족도가 달라지겠죠.

ETF는 어떻게 작동하는가

ETF를 제대로 이해하려면 작동 원리를 알아야 합니다. ETF는 Exchange Traded Fund, 즉 '거래소에서 거래되는 펀드'입니다.

펀드는 여러 투자자의 돈을 모아 한 덩어리로 만든 뒤, 전문가가 대신 운용하는 상품입니다. 주식·채권·부동산·원자재 등 다양한 자산에 투자할 수 있고, 수익과 손실은 투자금 비율대로 나눠 갖습니다.

기존 펀드와 ETF의 가장 큰 차이점은 거래 방식입니다. 일반 펀드는 하루에 한 번만 가격이 정해지고, 보통 다음 날이 되어야 매매가 완료됩니다. 반면 ETF는 주식처럼 실시간으로 가격이 변하고, 원할 때 언제든 사고팔 수 있습니다.

더 중요한 차이는 투명성입니다. 일반 펀드는 한 달에 한 번 정도 보유 종목을 공개하지만, ETF는 매일 어떤 주식을 얼마나 가졌는지 공개합니다. 내가 산 ETF에 정확히 어떤 기업들이 들어있는지 언제든 확인할 수 있습니다.

수수료 구조도 다릅니다. 일반 펀드는 가입할 때 선취수수료를 내거나, 팔 때 후취수수료를 내는 경우가 많습니다. ETF는 이런

:: ETF 장점과 한계

ETF의 장점

1) 즉시 분산투자: 한 번의 매수로 수백, 수천 개 종목에 분산 투자 가능

2) 낮은 비용: 일반 펀드 대비 수수료가 저렴

3) 유동성: 주식처럼 실시간 거래 가능

ETF의 한계

1) 평균 수익률: 시장 평균을 넘기 어려움

2) 추적 오차: 지수와 완벽히 일치하지 않을 수 있음

3) 수동적 투자: 적극적인 포트폴리오 관리 불가

수수료가 없고, 연간 운용보수만 있습니다. 주식 거래할 때와 똑같이 매매수수료만 내면 됩니다.

ETF는 분명한 장점이 있지만, 완벽한 투자 상품은 아닙니다. 장단점을 모두 이해하고 시작하는 것이 중요합니다.

초보자를 위한 ETF 선택 가이드

똑같이 치킨이라고 해도 후라이드 치킨, 양념치킨, 간장치킨이 다르고, 브랜드마다 특성이 조금씩 다른 것처럼 ETF도 추종하는 자산과 운용사에 따라 비슷하지만, 다른 상품이 됩니다.

식당에서 메뉴를 선정하는 것처럼, 비슷한 ETF 중에서 내가 투자할 ETF를 선택해야 합니다. ETF를 처음 시작한다면 기본적인 선택 기준 3가지만 기억하세요.

1. 규모가 큰 것 : 자산 규모가 큰 ETF일수록 안정적입니다. 최소 1억 달러 이상인 ETF를 선택하는 것이 좋습니다. 왜 규모가 중요할까요? ETF도 사업입니다. 자산 규모가 작으면 수수료 수입이 적어서 운영하기 어려워집니다. 규모가 작은 ETF는 갑자기 상장 폐지될 수 있습니다.

2. 수수료가 낮은 것 : 연간 운용보수(expense ratio)가 낮을수록 좋습니다. 지수형 ETF라면 0.1% 이하가 적당하고, 0.5%가

넘으면 비싸다고 보면 됩니다. 장기 투자에서는 이 정도 차이가 누적되어 큰 차이를 만듭니다.

3. **추적이 정확한 것**: ETF가 추종하는 지수와 실제 성과 차이(추적 오차)가 작을수록 좋습니다. 하지만 초보자가 일일이 확인하기 어려우니, 대형 운용사(블랙록-iShares, 뱅가드-Vanguard, 스테이트스트리트-SPDR)의 ETF를 선택하면 안전합니다. 이 3개 운용사는 ETF 시장의 약 80%를 차지하는 거대 운용사들입니다. 기술력과 자본력이 뛰어나서 지수를 정확하게 추적할 수 있는 능력을 갖추고 있습니다.

:: **글로벌 ETF 운용사 Top 5 (2025)**

자산운용사	시장점유율	ETF 브랜드	주요 상품
BlackRock	31%	iShares	IVV (S&P 500), IEFA (MSCI EAFE), AGG (미국채권)
Vanguard	30%	Vanguard	VOO (S&P 500), VTI (전체시장), VEA (선진국)
State Street	14%	SPDR	SPY (S&P 500), GLD (금)
Invesco	5%	Invesco, PowerShares	QQQ (나스닥100)
Charles Schwab	3%	Schwab ETFs	SCHD (배당)

ETF로 시작하는 포트폴리오 여행: 유형 다섯 가지

지금까지 ETF가 무엇인지, 어떻게 작동하는지, 그리고 어떻게 고르는지 알아봤습니다. 투자를 시작하기 위한 기본 개념은 이 정도면 충분하지만, 자동으로 좋은 포트폴리오가 만들어지는 것은 아닙니다. 어떤 ETF를 언제, 얼마나 사야 할지는 여전히 고민해야 할 문제입니다.

ETF는 크게 5가지로 나눌 수 있습니다. 각각의 특징을 간단히 알아두면 나중에 선택할 때 도움이 됩니다.

1. 지수형 ETF: S&P500, 나스닥100처럼 주식시장의 대표 지수를 그대로 따라가는 ETF입니다. 가장 기본이 되는 형태로, ETF의 정식 코스 요리라고 할 수 있습니다. 처음 ETF를 시작한다면 지수형 ETF부터 시작하세요. 자세한 내용은 이 책 9장에서 다루었습니다.

2. 섹터·테마형 ETF: AI, 전기차, 헬스케어, 친환경에너지처럼 특정 산업이나 주제를 좁혀서 담은 상품입니다. 특정 트렌드에 올라타고 싶을 때 선택하는 메뉴입니다. 12장에서 살펴보겠습니다.

3. 채권형 ETF: 국채, 회사채 등을 담은 ETF입니다. 주식의 자극적인 맛을 중화하는 순한 반찬 역할입니다. 화려하지는 않지

만, 포트폴리오의 균형을 잡아줍니다. 10장에서 다루도록 하
겠습니다.

4. 원자재·대체자산 ETF: 금, 은, 원유, 부동산 리츠, 비트코인
등 전통적인 주식·채권이 아닌 자산들을 담습니다. 주메뉴는
아니지만 늘 수요가 있는 이색 메뉴로, 특별한 상황에서 진가
를 발휘합니다. 11장에서 다룹니다.

5. 레버리지·인버스형 ETF: 지수 수익률을 2~3배로 확대하거나
반대 방향으로 추종합니다. 극한의 매운맛 메뉴로, 중수 이상
만 도전해야 하는 영역입니다. 맛보기로 13장에서 다루었습
니다.

다음 장부터는 구체적인 실전편입니다. ETF는 도구일 뿐입니
다. 중요한 것은 이 도구를 어떻게 현명하게 사용하느냐입니다. 천
천히, 단계적으로 접근하면 됩니다. 투자는 마라톤이니까요.

국내 자산운용사의 ETF에 투자하기:
연금저축 펀드 계좌를 활용하시는 분들께

ETF를 가장 효율적으로 활용하는 방법의 하나는 연금저축 펀드 계좌를 이용하는 것입니다. 이 계좌는 두 가지 장점이 있습니다.

첫째, 세액공제입니다. 연금저축은 연간 600만 원까지 납입하면 15%(고소득자는 12%)의 세액공제를 받을 수 있습니다. 즉, 600만 원을 넣으면 90만 원을 세금으로 돌려받는 것입니다. 이는 즉시 15% 수익률을 보장받는 것과 같습니다.

둘째, 세금 이연입니다. 계좌 내에서 발생하는 모든 수익에 대해 세금을 나중에 낼 수 있습니다. 복리 효과를 극대화할 수 있는 구조입니다. 예를 들어 일반 계좌에서 매년 10% 수익을 내면 세금을 빼고 나서 실제 수익률은 7.6% 정도입니다. 하지만 연금계좌에서는 10% 수익이 그대로 재투자되어 복리로 불어납니다. 30년 장기 투자 시 최종 수익률 차이는 상당히 클 수 있습니다.

다만 연금계좌는 만 55세(퇴직연금은 퇴직 시) 이후에만 찾을 수 있다는 제약이 있습니다. 그래서 연금계좌와 일반 계좌를 적절히 조합하는 것이 좋습니다. 중장기 목적 자금은 연금계좌로, 단기 목적 자금은 일반 계좌로 운용하면 좋습니다.

이 책에서는 해외 자산운용사의 상품을 중심으로 소개하지만, 연금저축을 활용하시려면 국내 자산운용사가 운용하는 ETF에 투자하게 됩니다. 이 책에서 소개하는 ETF와 유사한 상품을 찾아서 투자하시면 됩니다.

자산운용사	ETF 브랜드	주요 상품
삼성	KODEX	KODEX 200, KODEX 미국S&P500
미래에셋	TIGER	TIGER 200, TIGER 미국S&P500
KB	RISE	RISE 미국S&P500
신한	SOL	SOL 미국S&P500, SOL 미국나스닥100
한화	ARIRANG	ARIRANG 고배당주
키움투자	KOSEF	KOSEF 200, KOSEF 미국달러선물
한국투자	ACE	ACE 미국S&P500

다른 것은 대부분 동일하지만 한 가지 차이가 있습니다. 환헤지라고 부르는 환율 위험 관리 방식인 '환헤지'의 적용 여부입니다. ETF에 (H)라고 붙어 있으면 환헤지가 적용된 상품입니다.

국내 자산운용사는 원화로 상품을 표시하기 때문에 달러 강세 구간에서는 환율 이익을 볼 수 있지만, 달러 약세 구간에서는 환율 손실이 발생할 수 있습니다. 이러한 환율 변동을 최소화하는 장치를 '환헤지'라고 합니다.

2022년을 예로 들어보겠습니다. S&P500 지수는 달러 기준으로 18% 하락했지만, 원화 기준으로는 8% 하락에 그쳤습니다. 달러-원 환율이 1,200원에서 1,400원까지 올라갔기 때문입니다. 미국 주식이 떨어졌지만 환율 이익이 손실을 일부 상쇄해 준 것입니다.

반대의 경우도 있습니다. 2017~2018년에는 S&P500이 좋은 성과를 냈지만, 달러-원 환율이 1,200원에서 1,100원대로 떨어지면서 원화 기준 수익률이 줄어들었습니다.

단기 투자에는 필요하지만, 장기 투자자라면 환헤지 없는 ETF가 유리합니다. 장기적으로 환율 변동은 서로 상쇄되는 경향이 있기 때문입니다. 환헤지 비용은 보통 연간 0.5~1% 가 추가로 발생하는데, 환헤지가 없으면 이 비용도 아낄 수 있습니다.

단기적으로 필요한 자금이거나, 원화 강세를 확신한다면 환헤지 ETF를 고려해 볼 수 있습니다. 하지만 연금저축이나 IRP처럼 장기 투자를 위한 계좌를 활용하고자 하는 초보 투자자라면 (H)가 없는 상품을 추천합니다.

009

지수형 ETF

한 번에 수백 개 기업에 투자하는 방법

"모든 기업을 공부해야 하나요? 일일이 분석할 시간도 없고, 돈도 부족해요."

이런 고민을 하는 분들에게 ETF는 마법과 같은 도구입니다. 전 세계 ETF 중에서 가장 규모가 큰 ETF는 S&P500이라는 주가지수를 따라서 만든 상품입니다. 미국 대표 500개 기업을 시가총액 순으로 담은 지수입니다. 이 지수를 추종하는 ETF를 구매하면 한 번의 클릭으로 달걀을 500개의 바구니에 나눠 담는 셈입니다.

개별주식으로 이걸 구현하려면 어떨까요? 엔비디아, 테슬라, 팔란티어 모두 한 주에 30만 원 이상이 필요합니다. 500개 기업의 주주가 되어 1주씩 모으고, 비중까지 맞추려면 수십억 원이 필요합니다. 하지만 S&P500 ETF 한 주는 수십만 원이면 충분합니다. ETF 하나로 엔비디아, 테슬라, 팔란티어를 포함한 500개 기업의 공동 소유주가 되는 것입니다.

더 놀라운 것은 이 구조가 알아서 관리된다는 점입니다. 엔비디아가 급성장해서 시총 1위를 기록할 때는 자동으로 엔비디아의 비중이 커지고, 어떤 기업이 S&P500에서 제외되면 알아서 팔아버립니다. 개별주식을 분석하고 사고팔 필요가 전혀 없습니다.

최근에는 AI 기업들의 기업 가치가 상승하면서, ETF 지수의 성격도 변하고 있습니다. 5년 전만 해도 엔비디아는 S&P500에서 상위권에 없었던 기업입니다. 2019년 S&P500에서 엔비디아의 비중은 1% 미만이었지만, 2025년에는 8%를 넘어섰습니다.

많은 투자자가 ETF를 단순한 분산투자 수단으로만 생각하는 경우가 많습니다. 하지만, AI 산업이 성장한다는 측면에서 ETF를 사는 것은 단순히 분산투자가 아니라, AI의 장기 성장 궤적에 탑승하는 또 다른 방법이기도 합니다.

만약 여러분이 2019년에 개별주식으로 포트폴리오를 구성했다면, 엔비디아의 급부상을 예측하고 비중을 조정할 수 있었을까요? 아마도 불가능했을 것입니다. 하지만 S&P500 ETF를 보유했다면 이런 변화가 자동으로 반영되어 이익을 얻을 수 있었습니다.

대표적인 지수형 ETF 1: S&P500 (미국 경제의 대표선수)
(ETF 티커: SPY, VOO, IVV)

S&P500이 가장 인기 있는 이유는 세계 경제에서 미국이 차지하는 위상 때문입니다. 전 세계 주식시장에서 미국이 차지하는 비중은 과반이 넘습니다. AI 경쟁을 주도하는 기업도 대부분 미국에 있습니다.

현재 S&P500 상위 종목을 보면 엔비디아, 마이크로소프트, 애플, 구글, 아마존처럼 AI 경쟁을 주도하는 빅테크 기업입니다. 이러한 대형주의 비중이 30%로 상당히 크지만, 전체 구성을 보면 균형이 잘 잡혀 있습니다. 나머지 70%는 금융(JP모건체이스, 비자), 헬스케어(일라이릴리, 존슨앤존슨), 유통(월마트, 코스트코), 소비재(코카콜라, 프록터앤갬블), 에너지(엑손모빌, 쉐브론) 등 전통 산업이 차지합니다.

이런 구성 때문에 AI 산업에 조정이 와도 다른 산업이 충격을 분산시켜 줄 수 있습니다. 2022년 기술주가 큰 폭으로 조정받을 때도 S&P500은 나스닥보다 낙폭이 작았습니다. 기술주가 빠진 만큼 에너지 기업의 주가가 올랐기 때문입니다. S&P500을 함께 보유하면 지금까지 AI 테마에 올인한 포트폴리오의 편향을 자연스럽게 완화해 줍니다.

S&P 500에 투자하려면 주로 3가지 중에 하나의 ETF 상품을 구매하게 됩니다. Vanguard S&P 500 ETF(VOO), SPDR S&P 500 ETF Trust(SPY), iShares Core S&P 500 ETF(IVV)입니다. 8장에서 언급한 3개의 대형 운용사가 취급하는 상품입니다. 블랙록이라는 운용사의 상품은 iShares, 뱅가드는 Vanguard, 스테이트스트리트는 SPDR이라는 브랜드로 각자의 ETF 상품명을 정합니다. 운용사가 다르지만, 3개 모두 S&P500이라는 지표를 따르는 동일한 ETF라고 할 수 있습니다.

S&P500 ETF 중 가장 대표적인 것은 SPY입니다. 1993년에 최초로 출시되어 역사가 가장 길지만, 운용보수가 0.09%로 조금 높습니다. 장기 보유를 목적으로 포트폴리오를 구성하는 투자자라면 운용보수가 0.03%로 낮은 VOO와 IVV가 더 효율적입니다.

운용보수의 절대적인 비율 자체가 0.1% 미만으로 낮아서 성과에 큰 영향을 주지는 않습니다. 3가지 대표 ETF인 SPY, VOO, IVV는 거래량이나 규모가 크고 움직임도 비슷한 추세를 보이기 때문에 어떤 것을 선택해도 관계없습니다.

대표적인 지수형 ETF 2: 나스닥100 (기술주의 천국)
(ETF 티커: QQQ, QQQM)

나스닥100은 나스닥 거래소에 상장된 기업 중 금융업을 제외한 시가총액 상위 100개를 선별한 지수입니다. 상위 종목은 S&P500과 거의 유사하지만, 기술주 비중이 50%로 높습니다.

기술주 비중이 50%를 넘기 때문에 성장성은 높지만, 변동성이 큽니다. 2020~2021년 기술주 호황기에는 S&P500을 크게 앞질렀지만, 2022년 조정기에는 크게 떨어졌습니다. AI 붐이 계속된다면 S&P500보다 더 큰 수익을 낼 수 있지만, 조정기에는 더 큰 폭으로 떨어질 수 있습니다.

나스닥100의 특징 중 하나는 승자 독식 구조가 강하다는 점입니다. 상위 10개 종목이 전체의 60% 이상을 차지합니다. S&P500도 집중도가 높아지고 있지만, 나스닥100은 더 극단적입니다. 기술 산업의 특성상 플랫폼 효과와 네트워크 효과로 인해 1등 기업이 독점적 지위를 갖기 쉽습니다.

나스닥에 투자할 때 가장 유명한 ETF는 Invesco QQQ Trust(QQQ)입니다. 운용보수는 0.2%로 S&P500을 추종하는 ETF보다 훨씬 높습니다. 자산운용사인 Invesco의 장악력이 너무 강력해서 다른 대형 자산운용사에서는 경쟁 ETF 상품을 출시하지 않을 정도입니다. Invesco는 시장 내 경쟁력을 확보하기 위해서 동일한 구성에 운용보수만 0.15%로 낮은 Invesco NASDAQ 100 ETF(QQQM)를 출시했습니다. 이미 QQQ를 보유하고 있는 투자자라면 교체할 필요는 없지만, 나스닥에 처음 투자한다면 QQQM이 더 합리적인 선택일 수 있습니다.

미국 만능주의를 다시 생각하다

많은 투자자가 'AI = 미국'이라는 공식에 갇혀 있습니다. 엔비디아, 마이크로소프트, 구글 같은 빅테크 기업이 AI를 주도하니, 미국 주식만 사면 된다고 생각합니다. 하지만 이런 시각은 AI 생태계의 복잡성을 간과하고 있습니다.

ChatGPT가 학습하고 추론하는 과정을 한번 따라가 볼까요? 먼저 엔비디아 GPU가 필요하지만, 그 GPU를 실제로 만드는 곳은 대만의 TSMC입니다. TSMC가 GPU를 제조하려면 네덜란드 ASML의 극자외선(EUV) 장비가 필요합니다. 완성된 GPU는 삼성전자나 SK하이닉스의 HBM 메모리와 결합해야 비로소 작동합니다.

AI 데이터센터 하나를 건설하는 데도 수많은 국가의 기술이 필요합니다. 전력 관리, 냉각 시스템, 네트워킹 장비, 건설 자재까지 전 세계 기업들의 기술이 총동원됩니다. AI 혁명은 미국 기업들이 주도하고 있지만, 글로벌 공급망 없이는 불가능합니다.

더 중요한 것은 앞으로의 변화입니다. AI 기술이 성숙해질수록 AI산업은 미국의 독주보다는 글로벌하게 재편될 가능성이 높습니다. 중국의 딥시크(DeepSeek)가 보여준 것처럼, AI 모델 개발에서 미국의 기술적 해자가 생각보다 깊지 않을 수도 있습니다.

AI가 범용 기술이 되면, 각 지역의 고유한 강점들이 드러날 것입니다. 중국은 제조업 자동화와 대규모 데이터 활용으로, 유럽은 개인정보보호와 지속 가능한 AI로, 일본은 로봇공학과 정밀 제조의 AI 융합으로, 인도는 AI 인재 공급의 글로벌 허브로, 이스라엘은 사이버보안 AI 분야로, 각자의 위치를 구축하고 있습니다.

지난 수십 년간 미국이 글로벌 투자의 중심이었던 것은 사실입니다. 하지만 패권은 영원하지 않습니다. 19세기에는 영국이, 20세기 초반에는 독일이 세계 경제를 주도했습니다. 오랫동안 지속된 미국 중심의 단극체제를 위협하는 구조적 문제는 이런 위기감을 불러오곤 합니다.

최근 미국의 상황을 보면, 정부 부채가 급증하고 있고, 정치적 양극화로 인한 거버넌스 위기가 커지고 있습니다. 인프라는 노후화되고, 교육 시스템도 경쟁력을 잃어가고 있습니다. 달러의 기축통화 지위에 대한 도전도 계속됩니다.

만약 미국 중심의 단극 체제가 끝난다면 어떻게 대비할 수 있을까요? AI 시대의 투자자라면 이런 거시적 변화를 무시할 수 없습니다. 미국이 여전히 강력하지만, 모든 달걀을 미국이라는 바구니에만 담아두는 것은 현명하지 않습니다.

하나의 국가에 올인하는 위험을 피하고, 전 세계의 기업에 투자하는 것도 지수형 ETF를 활용할 수 있습니다. 어떻게 투자할 수 있을까요? 글로벌 주가지수를 추종하는 ETF에 대해 알아보겠습니다.

대표적인 지수형 ETF 3: MSCI 지수들 (세계로 넓히는 시야)
(ETF 티커: IEFA, IEMG)

MSCI 지수는 선진국 편입 여부를 이야기할 때 많이 언급되어서 익숙하신 독자분들도 있을 것 같습니다. 한국은 여러 번 MSCI 선진국 지수 편입을 시도했지만, 아직 신흥국에 머물고 있다는 기사를 종종 접하셨을 겁니다.

MSCI(Morgan Stanley Capital International Index) 지수란 미국 증권사인 모건스탠리가 발표하는 세계적인 주가지수입니다. MSCI 지수는 특정 국가가 선진국인지 인정해 주는 것이라기보다는, 미국을 넘어 전 세계로 투자 범위를 확장하게 도와주는 도구입니다.

MSCI 내에도 여러 가지 지수가 있습니다. MSCI는 경제 발전 수준과 시장 접근성에 따라 전 세계 시장을 세분화합니다. 선진시장(Developed Markets)에는 미국, 유럽, 일본 등 23개국이, 신흥시장(Emerging Markets)에는 한국, 대만, 중국, 인도 등 24개국이 포함됩니다. 이 외에도 프런티어시장, 독립시장 등으로 각 국가 주식시장을 분류하고 있습니다. 어떤 지수를 선택할지 헷갈릴 수 있는데, 규모가 큰 순서로 정리해 보겠습니다.

먼저 MSCI EAFE는 미국을 제외한 선진국 주식을 대표하는 지수입니다. 유럽(독일, 프랑스, 영국 등), 아시아 태평양(일본, 호주, 싱가포르 등)의 대형 기업들로 구성됩니다. AI 공급망의 핵심 기업인 ASML도 포함되어 있지만, 전체적으로는 전통 산업, 소비재, 제약 등 안정적인 기업들이 중심입니다. 대표 ETF인 iShares Core MSCI EAFE ETF(IEFA)가 가장 규모가 크고 거래량도 많습니다. 미국 외 선진국에 투자하고 싶다면 가장 대표적인 선택입니다.

다음은 MSCI Emerging Markets로, 한국을 포함하여 중국, 대만, 인도, 브라질 등 신흥국 주식을 담은 지수입니다. 대표 ETF인 iShares Core MSCI Emerging Markets ETF(IEMG)는 신흥국 투자의 대표 상품입니다. IEMG에는 대만의 TSMC, 중국의 텐센트, 알리바바, 샤오미와 한국의 삼성전자, SK하이닉스 같은 신흥국 기술 기업들이 들어있습니다. 선진국보다 변동성이 크지만 성장 잠재력도 높습니다. 특히 중국과 대만 기업 비중이 높아 일본을 제외한 아시아의 성장성에 베팅하는 성격이 강합니다.

세 번째는 전 세계를 담은 MSCI ACWI 지수입니다. All Country World Index의 줄임말로, 선진국과 신흥국을 모두 포함해 전 세계 약 3,000개 기업을 담았습니다. 대표 ETF인 iShares MSCI ACWI ETF(ACWI)는 미국 60%, 나머지 40%로 구성됩니다. 한 번에 글로벌 분산을 원하는 투자자에게 적합하지만, EAFE와 신흥국 ETF를 따로 사는 것보다 규모가 작고 수수료도 높습니다.

:: MSCI 지수 커버리지 세계지도

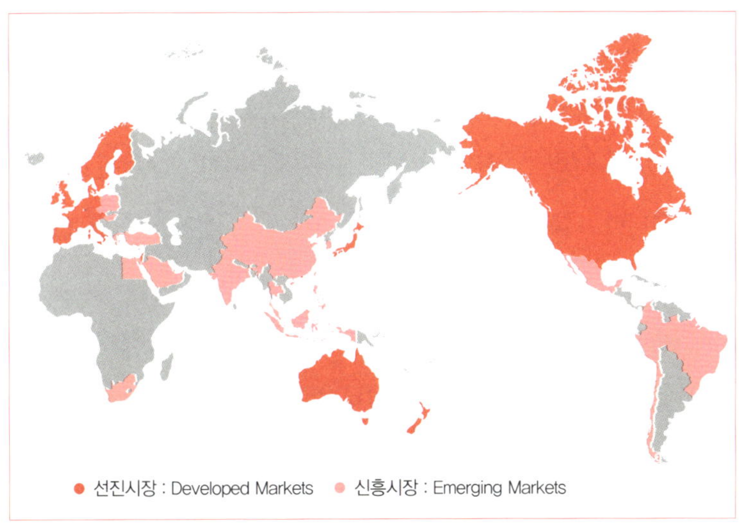

MSCI 지수에 투자하면 미국 경제에 대한 의존도를 줄이고 글로벌 분산 효과를 누릴 수 있습니다. 미국 중심적 사고에서 벗어난 글로벌 투자자가 되고 싶다면 MSCI 지수는 그 출발점이 될 것입니다.

기존 포트폴리오를 버릴 필요는 없다

지수형 ETF는 AI가 아닌 전통 산업, 미국이 아닌 다른 국가, 성장주가 아닌 가치주까지 포함하는 거대한 그물을 치는 것입니다. S&P500 ETF 하나만으로도 여러분은 500개 기업의 공동 소유주가 되고, MSCI 월드 ETF라면 전 세계 선진국 대표 기업 1,500개를 한 번에 소유할 수 있습니다.

여기까지 읽고 '그럼 엔비디아, 테슬라, 팔란티어 다 팔고 ETF만 사야 하나?'라고 생각하실지도 모르겠습니다. 그럴 필요는 전혀 없습니다. 기존 포트폴리오는 그대로 두고, ETF를 추가로 더하면 되기 때문입니다.

생각해 보세요. 여러분이 AI라는 거대한 물결을 포착해서 수익을 올렸다면, 이건 분명한 성과입니다. 다만 이제는 그 성과를 지키면서 더 안정적으로 가야 할 때가 온 것입니다. AI 주식 100%에서 AI 주식 70% + ETF 30%로 바꾸는 것만으로도 위험은 크게 줄

어둡니다.

제 지인 중에 엔비디아에 집중적으로 투자해서 큰 수익을 올린 분이 있습니다. 수익이 커질수록 주가가 갑자기 폭락해서 하루아침에 사라져 버리는 것은 아닐지 두려움이 생겼다고 합니다. (투자를 시작하면 돈을 벌어도 심리적으로 어려움이 있습니다.)

2023년 말쯤 되니, 잠을 못 잘 정도였다고 합니다. 그래서 그는 엔비디아 일부를 팔고, S&P500 ETF를 샀습니다. 그 후에도 엔비디아는 몇 배가 올랐지만, 마음은 훨씬 편해졌다고 합니다.

선택의 기준은 개인의 상황에 따라 다릅니다. 위험을 감수하고 나스닥100을 추가해서 기술주 노출도를 높여도 됩니다. 하지만, 지금까지 AI 주식에 집중해 왔으니, 기술주 비중이 높은 나스닥100보다는 S&P500이나 MSCI가 더 나은 분산 효과를 줍니다. 미국 경제의 대표성을 원한다면 S&P500을, 미국 비중을 줄이고 싶다면 MSCI 계열의 ETF를 선택하면 됩니다.

어떤 선택을 하든 개별주식 중심의 포트폴리오보다는 훨씬 균형 잡힌 포트폴리오를 갖출 수 있습니다. 엔비디아 하나에 운명을 맡기는 것보다는, 500개 또는 1,500개 기업에 분산하는 것이 훨씬 안전하기 때문입니다.

지수 투자의 심리학: 왜 어려운가

지수 투자는 이론적으로는 완벽하지만, 실제로 실행하기는 쉽지 않습니다. 개별 종목보다 이해하기 어려워서 투자를 망설이는 경우도 많습니다. 지수 투자만 해본 사람들은 시장의 변동성을 잘 견디지 못합니다. 안전하다고 생각했는데 지수가 폭락하면 패닉에 빠지게 되고, 뒤늦게 개별 종목 투자에 뛰어들어 투자에 실패하기도 합니다. 이러한 일이 벌어지는 가장 큰 이유는 심리적 요인입니다.

제가 생각하는 해결책은 단계적으로 접근하는 것입니다. 개별 종목 투자로 일단 시작했다면, 한 번에 모든 것을 지수로 바꾸지

FOMO (Fear Of Missing Out)

개별 종목이 급등할 때 지수는 상대적으로 밋밋해 보입니다. 엔비디아가 하루에 10% 오를 때 S&P500은 1% 오르는 것을 보면, 지수 투자가 바보 같아 보일 수 있습니다.

승부욕

많은 투자자가 시장을 이기고 싶어 합니다. 하지만 전문가들이 운용하는 액티브 펀드조차 장기적으로는 S&P500을 이기지 못하는 경우가 대부분입니다. 일반 개인 투자자가 지수를 이길 확률은 더욱 낮습니다.

말고, 점진적으로 ETF 비중을 늘려가세요. 예를 들면, 엔비디아/
테슬라/팔란티어 90% + 지수형 ETF 10%에서 시작해서, 점차 비
중을 조정해 나가면 심리적으로 편하게 투자할 수 있습니다.

지금까지 쌓아온 AI 주식이라는 엔진에, 지수형 ETF라는 견고
한 방어막을 더하면, 투자 여정은 단거리가 아니라 마라톤이 됩니
다. 매일 주가를 확인하며 일희일비하는 대신, 장기적인 관점에서
꾸준히 자산을 늘려갈 수 있습니다.

물론 이것만으로는 충분하지 않습니다. 2008년 금융위기나
2020년 코로나 초기처럼 주식이 전체적으로 폭락할 때는 지수형
ETF도 함께 떨어지니까요. 진짜 균형 잡힌 포트폴리오라면 주식
이 아닌 다른 자산도 필요합니다. 여러분이 구축한 포트폴리오에
앞으로 소개할 자산을 하나씩 추가해 보겠습니다.

FTSE 지수는 뭔가요?(ETF 티커: VEA, VWO)

MSCI 중심으로 소개했지만, 이 지수와 비슷한 지수가 있습니다. 미국의 MSCI와 더불어 세계 양대 지수로 꼽히는 영국의 FTSE (Financial Times Stock Exchange)입니다.

FTSE도 MSCI처럼 전 세계 시장을 선진국과 신흥국으로 나누어 지수를 만듭니다. FTSE Developed Markets, FTSE Emerging Markets 같은 식으로 구성되어 있습니다. 실제 포함 기업들도 거의 비슷하고 성과 차이도 크지 않습니다. 한국인에게 중요한 차이가 있다면 FTSE는 한국을 선진국으로 분류합니다.

그런데 왜 FTSE 지수를 따로 언급하느냐고요? 자산운용사인 Vanguard 때문입니다. Vanguard는 비용을 절약하기 위해 MSCI 대신 FTSE 지수를 추종하는 ETF들을 출시했습니다. 미국 제외 선진국을 담은 Vanguard FTSE Developed Markets ETF(VEA), 신흥국 ETF인 Vanguard FTSE Emerging Markets ETF(VWO) 같은 ETF가 FTSE 지수를 따릅니다.

Vanguard ETF가 수수료가 조금 더 저렴한 편이라, 비용을 우선시한다면 Vanguard의 FTSE 지수 추종 ETF들도 좋은 선택입니다.

010
현금과 채권 ETF

워런 버핏의 두 가지 투자 원칙

오래 가는 법을 가장 잘 실천한 전설적인 투자자, 워런 버핏은 투자 원칙을 단 두 줄로 정리했습니다.

원칙 1: 절대 잃지 마라.

원칙 2: 원칙 1을 절대 잊지 마라.

짧지만 무겁습니다. 투자자에게 손실은 불가피합니다. 이 원칙을 세운 워런 버핏조차 손해 보는 투자도 많이 했습니다. 그런데, 잃지 말라는 원칙이 무슨 뜻일까요? 원금이 보장되는 예금이나 적금만 하라는 뜻이 아닙니다. 장기 투자자로서의 생존을 위협하는 치명적인 손실을 피하라는 경고입니다.

속도는 누구나 낼 수 있지만, 완주는 준비한 사람만이 할 수 있습니다. 전력 질주를 하느라 체력을 다 쏟아버린 후, 마라톤을 포기하지는 말라는 말입니다.

AI처럼 변화가 빠르고 변동성이 큰 패러다임에 투자할 때는 더 그렇습니다. AI는 산업을 급격하게 성장시키는 동력이지만, 주가는 실제 성장보다 과도하게 상승하는 때도 있기 때문입니다. 엔비디아, 테슬라, 팔란티어로 수익을 크게 냈다 해도, 한 번의 폭락이 그동안의 모든 노력을 지워버릴 수 있습니다.

폭락 장에서 현금이 만드는 기회

AI 주식 투자로 높은 수익률을 내는 경험을 하고 나면 놀고 있는 현금이 너무 아까울 때가 있습니다. 모든 자산이 오르는 시기에는 '현금은 쓰레기'라는 표현이 유행하기도 합니다. 시간이 지날수록 화폐가치가 하락하는 것은 사실이니, 절반은 맞는 말입니다.

하지만, 현금이 주는 가치는 유연성에 있습니다. 시장 급락기에 대부분의 투자자는 공포에 휩싸입니다. AI 주식은 높은 성장성만큼 변동성도 큽니다. 아무리 좋은 주식도 몇 번의 크고 작은 조정을 받습니다. 이럴 때 현금이 없으면 좋은 매수 기회를 눈앞에 두고도 아무것도 할 수 없습니다.

2025년에도 좋은 기회가 있었습니다. 트럼프 대통령 당선 이후 무역 전쟁과 경기 침체에 대한 공포가 가득했습니다. 미국 해방의 날을 선언한 4월 초에는 공포가 극에 달했습니다. S&P500 지수가 이틀 만에 10% 넘게 하락했는데, 이는 역사상 전례가 없는 일이었습니다.

미국 AI 주식 투자자에게는 더 어려운 시기였습니다. 중국의 딥시크가 적은 비용으로 유사한 성능을 보이는 AI를 발표한 것입니다. 당시 절대 강자인 미국 독점이라고 생각했던 AI 산업에 큰 충격을 주면서 주가가 하락했습니다. 2024년 기록한 전 고점 대비 엔비디아는 36% (147달러->94달러), 테슬라는 54% (480달러->222달러), 팔란티어는 41% (125달러->74달러)까지 하락했습니다.

이 시기를 지나, 이 3개 주식을 포함한 미국 지수는 다시 상승하기 시작했습니다. 현금을 보유한 투자자는 이렇게 공포가 극에 달했을 때 저가 매수를 통해 자산을 증식할 기회를 얻습니다. 저도 2025년 폭락 장이 왔을 때, 보유한 현금을 활용하여 대폭 할인된 주식을 추가 매수하기 시작했습니다. 할인판매 기간이 생각보다 빨리 끝나서 원하는 만큼 매수하지는 못했지만요. 현금을 일정 비율 보유하는 것은 이런 기회를 잡기 위한 준비입니다.

채권-금리와의 줄다리기

채권은 현금과 가장 유사한, 포트폴리오 구성에 중요한 자산입니다. 자산 배분을 처음 시작할 때는 주식과 채권의 조합을 기본으로 봅니다. 주식은 성장을, 채권은 안정성을 담당하기 때문입니다.

채권은 기업이나 정부가 돈을 빌릴 때 하는 약속입니다. 만기까지 보유하면 원금과 이자를 돌려받을 수 있어, 예금과 비슷하다고 할 수 있습니다. 예금도 만기 전에 해지할 수 있는 것처럼, 채권도 만기 전에 판매하여 자금을 회수할 수 있습니다.

채권은 안전자산으로 분류되긴 하지만, 만기 기간이 길수록 주식보다 더 큰 변동성을 가지기도 합니다. 채무를 상환하지 않을 위험도 있고, 금리 변동에도 더 많이 노출되기 때문입니다.

채권 가격은 금리와 반비례한다는 말을 들어본 적이 있으신가요? 일반적으로 시중 금리가 올라가면 채권 가격은 내려갑니다. 기업이나 정부가 내게 받는 금리보다 더 높은 금리로 돈을 빌리면 내 채권의 가격은 내려갑니다. 채권의 가격은 만기에 따라 금리 변화에 민감하게 반응합니다.

대표적인 채권 ETF인 iShares 20+ Year Treasury Bond ETF(TLT)의 가격 변화를 살펴보겠습니다. TLT는 만기 20년 이상인 미국 장기국채를 모아둔 ETF 상품입니다. 미국 장기 금리의 움직임과 채권의 변동성을 그대로 보여주는 자산입니다.

2008년 금융위기 이후 이어진 저금리 기조로, 금리는 10년 이상 하락했습니다. 그동안 80~90달러대이던 TLT의 가격은 꾸준히 상승했습니다. 코로나 초기에 연준이 금리를 0%대로 내렸을 때, 채권 가격은 단기간에 급등하여 170달러 최고치를 기록하기도 했습니다. 하지만, 그 이후 이어진 물가 상승으로 연준이 금리를 급격히 올리자, 채권 가격은 단기간에 80달러대로 반토막이 났습니다. 주식 못지않은 변동성입니다. 안전자산이라고 하기엔 너무 큰 하락이죠.

이러한 채권의 변동성을 활용하여 수익을 내는 투자자들도 있습니다. 경기 사이클을 활용하면 금리의 변화를 예측하여 채권 투자를 할 수 있기 때문입니다. 금리 하락이 예상되면 채권을 매수하고, 금리 상승기에는 채권을 매도하는 방식입니다.

하지만, 이제 막 미국 주식과 ETF에 관심을 두기 시작한 여러분들이 시도하기에는 너무 복잡해 보일 수 있습니다. 그래도 포트폴리오 구성을 위해 기본 개념은 알아야 합니다. 그중에 현금과 가장 유사한 3개월 이내의 미국 단기채를 활용하는 방법부터 살펴보겠습니다.

투자 시기를 조정할 때 활용하는 미국 단기채
(ETF 티커: SGOV, BIL)

단기채는 이자를 주는 예금과 가장 성격이 비슷합니다. 만기까지 짧은 기간만 기다리면 약간의 이자수익을 얻을 수 있습니다. 가격도 크게 변하지 않아서 필요할 때 현금화해도 큰 손해를 보는 일은 없습니다. 현금화가 쉽기 때문에 예상치 못한 기회나 긴급한 상황에 대비하는 자금으로 활용할 수 있습니다.

한국의 AI 투자자 관점에서 미국 단기채는 현금 대신 활용하기에 적합합니다. 대부분의 AI 주식은 미국에 상장되어 있기 때문에 달러가 필요합니다. 하지만, 달러는 환율 변화에 노출되기 때문에 무작정 많이 보유하기엔 부담이 있습니다. 우리는 일상생활에서 원화를 사용하니, 비상금이나 생활자금을 달러로 보유하면 원화로 다시 바꿀 때 손해를 볼 수 있으니까요.

저는 목돈이 있더라도 투자 시기를 분산하기 위해 한 번에 투자하지 않는 편입니다. 그래서 환율 변화를 관리하는 수단으로 미국 단기채를 활용합니다. 월급이나 상여금이 들어와서 현금이 생기면, 지난 3개월의 환율을 살펴보고 얼마나 환전할지 결정합니다. 환율이 낮아지면 여유자금을 달러로 환전해서 원화 대신 미국 단기채를 보유합니다. 특별한 일이 있지 않으면 만기까지 보유하고,

만기 이후에 투자자금으로 활용합니다. 달러가 비쌀때는 당장 주식을 매수할 만큼만 환전하고, 나머지 대기 자금은 원화로 보유합니다.

미국 단기채를 직접 보유해도 되지만, ETF를 활용하는 방법도 있습니다. 대표적으로 iShares 0-3 Month Treasury Bond ETF(SGOV)와 SPDR Bloomberg 1-3 Month T-Bill ETF(BIL)가 있습니다.

한국인 투자자에게 미국 단기채는 단순한 안전장치 이상의 역할을 할 수 있습니다. 국제정세의 변화로 환율 변동성이 커지더라도 미국 단기채는 현금의 장점을 극대화하여 환율 리스크를 낮추는 장치입니다.

포트폴리오에 채권 ETF 추가하기
(ETF 티커: BND, AGG)

앞서 설명한 단기채는 현금을 대체하는 수단입니다. 하지만, 보통 포트폴리오를 구축할 때 언급하는 채권은 중장기채를 의미합니다. 채권은 만기에 따라 분류할 수도 있지만, 발행 주체에 따라 성격이 다릅니다. 국가뿐 아니라, 지방자치단체나 기업도 채권을 발행합니다.

증권사에서 취급하는 채권이 늘어나면서 개인 투자자들도 개별 채권에 투자하기 좋은 환경이 되고 있지만, 포트폴리오 관점에서는 개별 채권보다 ETF를 활용하는 것이 좋습니다. 국채는 선진국 채권(미국 국채 등)과 신흥국 채권으로, 기업에서 발행하는 채권도 우량 회사채와 하이일드 채권으로 구분하여 여러 채권을 손쉽게 매매할 수 있기 때문입니다.

ETF를 활용하면 채권을 자산 배분에 손쉽게 추가할 수 있지만, 여기서도 선택은 필요합니다. AI 투자자의 포트폴리오에 추천하는 채권 ETF는 미국의 채권 전체를 균형 있게 담은 Vanguard Total Bond Market ETF(BND)와 iShares Core U.S. Aggregate Bond ETF(AGG)입니다. 두 개의 ETF는 글로벌 투자자들이 가장 많이 선택하는 채권 ETF로, 자산운용사만 다를 뿐 성격이 유사합니다. AI 패러다임에 올라타고자 하는 우리가 채권을 포트폴리오에 포함하려고 하는 이유가 안정성임을 고려하면 가장 목적에 적합한 선택입니다.

20년 이상 만기인 미국 장기채권을 담은 iShares 20+ Year Treasury Bond ETF(TLT)도 금리 인하가 예상되는 현 상황에서는 좋은 옵션입니다. 하지만, 미중 패권 경쟁이 본격화되면서 그동안 미국 국채의 주요 수요처이던 중국이 미국 국채 보유를 꺼리고 있기 때문에 단기적인 가격 변동성은 감수해야 합니다.

신용도가 낮은 국가나 회사는 높은 금리로 채권을 발행해야 해서 투자자 입장에서는 채권의 수익률이 좋습니다. 일부 전문가들은 포트폴리오 구성 측면에서 이러한 채권을 담은 ETF를 추천하기도 합니다. 하지만, 더 많은 리스크에 노출되기 때문에 위기 상황에서는 가격이 더 많이 하락하는 경우가 많습니다.

주식과 채권만으로는 부족하다

2022년은 주식과 채권이 동시에 떨어진 특이한 해였습니다. 보통은 주식이 떨어지면 채권이 오르는데, 인플레이션 때문에 둘 다 하락했습니다. S&P 500은 -18%, 미국 10년 국채는 -12% 떨어졌습니다. 하지만 이때 금은 거의 보합을 유지했고, 원자재 ETF인 DBC는 17%나 올랐습니다. 전통적인 주식-채권 포트폴리오가 무력화된 상황에서 대안 자산들이 방어막 역할을 했던 것입니다.

2022년의 경험은 주식-채권만으로 구성된 단순한 자산 배분만으로는 복잡해진 경제 환경에 살아남기 힘들다는 것을 보여주었습니다. 이때 많은 투자자가 포트폴리오의 중요성을 다시 한번 깨달았습니다.

7장에서 살펴본 바와 같이 금, 원자재, 부동산처럼 주식, 채권과 다른 방향으로 움직이는 자산들을 포트폴리오에 포함해야 진정한 분산 효과를 얻을 수 있습니다. 그렇다면 AI 시대에 자산 배분은

달라야 할까요? 11장에서는 단순한 분산투자 개념을 넘어서, 금/
원자재/리츠가 AI 시대에 가지는 의미를 살펴보겠습니다.

잃지 않기 위한 준비?

정말 투자하기 좋은 때를 맞닥뜨리게 되면 언제 살까보다 살 여력이
있을까가 더 중요합니다. 시장의 방향을 예측하는 것보다는 평소에 가
지는 여유가 답입니다.

현금과 단기채는 투자자가 가져야 할 여분의 체력입니다. 시장이 폭락
할 때 기회는 남아 있지만, 현금이 없으면 그 문을 열 수 없습니다. 최
근 시장에서 얘기하는 '에브리띵 랠리(모든 자산이 오르는 시기)'에 내
자산을 무의미하게 놀리는 것이 아니라, 다음 점프를 위한 숨 고르기
라고 생각해 주세요.

채권은 포트폴리오의 완충장치입니다. 금리 인하기엔 오르고 인상기
엔 떨어지지만, 방향을 맞추려 애쓰기보다 내 자산이 흔들릴 때 대신
버텨주는 역할로 받아들이는 것이 현명합니다. 장기채권(TLT)일수록
금리에 민감하게 반응하고, 단기채권(SGOV, BIL)일수록 현금처럼 안
정적입니다. BND나 AGG 같은 종합 채권 ETF 하나면 복잡한 고민 없
이 균형 잡힌 방어막을 구축할 수 있습니다.

AI 시대에도 방패는 필요합니다. 새로운 기술이 부를 만들지만, 현금
과 채권이 그 부를 지켜줍니다. 워런 버핏이 말했듯, 투자의 첫 번째
원칙은 '잃지 않는 것'입니다.

011

금/원자재/리츠: 포트폴리오의 마지막 퍼즐

AI가 바꿀 수 없는 물리적 자산, 금

AI가 세상을 바꿀수록 우리는 디지털 시스템에 더 많이 의존하게 됩니다. 모든 거래가 디지털로 이뤄지고, 모든 가치가 무형의 정보로 기록됩니다. 하지만 이것은 동시에 새로운 취약점을 만듭니다.

2024년 7월, 크라우드스트라이크 장애 하나로 전 세계 항공, 은행, 방송이 멈췄습니다. 크라우드스트라이크는 세계 2위의 사이버 보안 기업으로, 기업용 보안 소프트웨어를 공급하는 회사입니다. 조사 결과 소프트웨어 업데이트 중에 발생한 오류로 알려졌는데, 한 회사의 오류 하나가 세계 경제를 마비시킨 것입니다. 만약 더 치명적인 사이버 공격이나 시스템 오류가 발생한다면? 디지털 자산은 순식간에 접근 불가능해질 수 있습니다.

하지만, 금은 다릅니다. 인터넷이 끊어져도, 전기가 나가도, 정부가 바뀌어도 금은 그대로 있습니다. 해커가 아무리 뛰어나도 물리적 금고의 금을 해킹할 수는 없습니다. 금고 전체를 훔치겠다는 영화적 상상력이 실현되지 않는 이상 금은 안전합니다. AI가 발전할수록 이런 아날로그적 확실성의 가치는 더 커집니다. AI 투자자에게 금은 단순한 안전자산을 넘어서, 디지털 세계의 반대편에 있는 물리적 자산의 대표주자라고 할 수 있습니다.

인류 역사에서 금이 가치 저장 수단으로 살아남은 이유는 독특한 물리적 특성 때문입니다. 부식되지 않고, 변질되지 않으며, 무한히 재활용할 수 있습니다. 전 세계에서 지금까지 채굴한 금은 20만 톤 정도로 추정합니다. 이 금을 모두 모아 잠실야구장 그라운드에 펼치면 1미터도 채우지 못할 정도(성인 무릎 정도의 높이를 채울 정도)로 희소한 자원이기도 합니다.

2008년 금융위기 이후, 각 국가의 중앙은행들은 금을 더 많이 사 모으고 있습니다. 유럽중앙은행에 따르면 전 세계 중앙은행은 2022년부터 2024년까지 3년 연속으로 1,000톤 이상의 금을 매입했습니다.

특히 중국, 러시아, 인도 등 신흥국들이 달러 의존도를 줄이기 위해 금 보유량을 급격히 늘리고 있습니다. 중국인민은행은 2022년 11월부터 2024년 5월까지 18개월 연속으로 금을 매수했습니다. 러시아는 서방 제재로 달러 자산이 동결되면서 금의 중요성을 뼈저리게 느꼈습니다. 이들에게 금은 지정학적 무기이자 경제적 생존 수단입니다.

금은 산업용, 보석, 투자(ETF·금괴) 등 다양한 수요처로 분산됩니다. 중앙은행 매수는 단기 투기성 수요가 아닌 장기 보유 목적이라 시장에 다시 공급되지 않습니다. 연평균 생산되는 3,500톤의 금 중 3분의 1이 중앙은행에 집중되면, 다른 수요처 전체에 영향을 줍니다. 지금과 같은 속도라면 결혼 예물로 사는 금반지의 가격도 오를 수밖에 없습니다.

금 가격은 역사적으로 장기간 횡보 후 급등하는 패턴이 반복되었습니다. 1970년대 초 금본위제 폐지 이후, 금은 8년 동안 완만히 오르다 1979~1980년 2년 만에 4배 이상 폭등했습니다. 이후 20년 가까이 지루한 횡보를 거친 뒤, 2000년대 초부터 2011년까지 6배 가까이 상승했습니다. 2011년 이후 10년간 박스권에 머무르다가 2020년 팬데믹 이후 다시 사상 최고가를 경신하는 중입니다.

이런 패턴은 금 투자는 추세에 따라 긴 호흡으로 투자해야 한다는 사실을 보여줍니다. 금 투자 전문가인 〈골드플레이션〉의 저자 조규원 작가는 금은 장기 호황에 진입하면 평균 10년간 상승하는 경향을 보이며, 지금은 그 중반부에 있다고 보고 있습니다. 챗GPT가 공개된 2022년 말 온스당 1,700달러이던 금 가격은 2025년 11월 기준, 4,100달러로 2배 이상 상승했습니다. AI 시대에도 이러한 장기 사이클은 유효한 것입니다.

더 중요한 것은 금에 대한 인식입니다. 동서양을 막론하고 모든 문명이 금을 귀하게 여겼습니다. 이런 보편적 인식은 AI가 아무리 발달해도 바뀌지 않을 것입니다. 오히려 불확실성이 커질수록 인류는 가장 확실한 것으로 돌아갑니다.

엔비디아, 테슬라, 팔란티어의 주가가 폭락해도 금고 안의 금은 그대로 있습니다. 이런 확실성이 AI 투자자에게 심리적 여유를 줍니다. 심리적 여유가 있어야 역발상 투자도 할 수 있습니다. 다른 사람들이 공포에 빠져 팔 때 담담하게 살 수 있는 용기는 안전망이 있을 때 생깁니다. 금처럼 물리적 가치가 보이는 자산이 있으면, AI 주식에 큰 조정이 왔을때 과감하게 기회를 잡을 수 있습니다.

투자자 유형에 따른 금 ETF 선택하기
(ETF 티커: GLD, IAU, SGOL)

금은 전통적으로 포트폴리오에 포함해야 하는 자산 중 하나이지만, 이자나 배당을 주지 않고 보관 비용도 발생합니다. 실물을 직접 보유한다면 거래 측면에서도 번거로운 점이 많습니다.

금 ETF는 이런 불편을 해소해 주는 훌륭한 도구입니다. 미국 주식과 같은 계좌에서 관리하려면 금 ETF가 가장 효율적이라고 할 수 있습니다. 같은 증권 계좌에서 달러로 거래할 수 있고, 포트폴리오 전체를 한눈에 관리할 수 있기 때문입니다.

전 세계에서 가장 규모가 큰 금 ETF는 SPDR Gold Trust(GLD)입니다. 2004년에 뉴욕 증권거래소에 상장된 가장 안정적인 ETF로, 1주당 실물 금 0.1온스를 보유하고 있어서 금 가격과 거의 같게 움직입니다. 포트폴리오 규모가 큰 투자자라면 GLD에 투자하는 것이 좋습니다. 규모도 가장 크고 거래량도 많아 대량 거래 시 유동성이 가장 좋기 때문입니다. 다만, 주당 가격이 높고, 수수료도 연 0.4%로 비싸다는 단점은 감수해야 합니다.

장기 보유를 고려하는 투자자라면 iShares Gold Trust(IAU)가 좋은 선택입니다. IAU는 GLD와 거의 동일한 구조이지만 수수료가 연 0.25%로 GLD보다 낮습니다. 규모나 거래량은 GLD의 1/3 수준이지만, 일반적인 거래에는 충분합니다. 주당 가격도 상대적으로 낮아서 접근하기 쉽다는 장점도 있습니다.

지정학적 리스크를 고려한다면 Aberdeen Standard Physical Swiss Gold Shares(SGOL)도 고려해 볼 수 있습니다. 앞서 설명한 GLD와 IAU는 미국에 금을 보관합니다. SGOL은 스위스에 금을

보관하는 ETF로, 미국 정치 상황이나 달러 정책과 독립적으로 운영됩니다. 스위스는 수백 년간 중립국을 유지해 온 국가로, 금 보관에 대한 신뢰도가 높습니다. 운용 수수료도 연 0.17%로 가장 낮지만, 거래량이나 규모가 IAU의 1/10 수준이라 대량 거래 시 불리할 수 있습니다.

세 가지 ETF 모두 거의 동일한 가격 흐름을 보이기 때문에, 어떤 ETF를 선택하더라도 유사한 효과를 얻을 수 있습니다.

AI 시대의 원자재 투자

(ETF 티커: DBC)

AI가 세상을 바꾸더라도 전기를 얻기 위해서는 여전히 에너지가 필요하고, 인류가 살아가는 한 농산물 수요도 사라지지 않습니다. 원유, 가스, 곡물은 AI 시대에도 꼭 필요한 자원으로 남을 것입니다.

원자재의 가장 큰 역할은 인플레이션 헤지입니다. 2021~2022년 인플레이션 시기에 주식과 채권이 동반 하락할 때, 원자재가 상승했던 것이 대표적 사례입니다. 통화정책 완화나 재정지출 확대 시 원자재 가격이 먼저 반응하고, 러시아-우크라이나 전쟁처럼 지정학적 리스크가 공급망을 위협할 때도 가격 상승효과가 있습니다. 달러로 거래되는 특성상 달러가 약세일 때도 가격이 오르는 경향을 보입니다.

올웨더 포트폴리오를 그대로 모방하고 싶은 투자자라면 원자재 ETF를 활용할 수 있습니다. 원자재는 개별 상품마다 특성이 다르고 보관이나 거래가 복잡해서 ETF 외에 다른 대안은 거의 없습니다. 대표적인 ETF로는 Invesco DB Commodity Index Tracking Fund(DBC)가 있습니다. DBC는 에너지, 농산물, 금속까지 골고루 담고 있어서 포트폴리오 측면에서는 가장 적절한 선택이 될 수 있습니다.

다만, 원자재 ETF는 구조적 한계가 있습니다. 주식이나 채권 ETF에 비해 자산 규모가 훨씬 작을 뿐만 아니라, 현물 보유가 아 닌 선물(미래에 살 권리) 계약을 활용하기 때문입니다.

이러한 구조는 예상치 못한 큰 손실을 주기도 합니다. 2020년 코로나 초기에 원자재 중 하나인 원유 ETF에 투자한 사람들은 큰 충격을 받았습니다. 원유 선물 가격이 사상 최초로 마이너스를 기 록하면서(원자재 선물 투자는 잘못하면 자산 가격이 마이너스가 될 각오를 해야 한다는 뜻입니다) 일부 원유 ETF가 하루에 90% 이상 폭락한 것 입니다.

선물 계약에는 만료일이 있어서 주기적으로 새로운 계약으로 바꿔야 합니다. 이 과정에서 수수료 개념의 롤오버 비용도 발생합 니다. 이러한 특성 때문에, 선물 ETF는 장기 보유하면 기초 자산 대비 수익률이 낮아질 수 있습니다.

광범위한 원자재 ETF는 대부분의 개인 투자자에게 필수 자산은 아닙니다. 하지만 AI 혁명이 가져올 변화를 생각하면, 모든 원자재 를 똑같이 봐서는 안 됩니다. 특히 AI 인프라 구축에 필수적인 은 과 구리는 다른 접근이 필요합니다.

은과 구리: AI 인프라의 핵심 소재
(ETF 티커: SLV, CPER)

원자재에는 에너지나 농산물도 있지만, 이 책의 초점인 AI와 직접 연결된 자산에 맞춰 은과 구리에 주목해 보겠습니다. 이 두 금속은 AI 혁명의 물리적 기반이 되는 핵심 소재들입니다.

은은 금보다 훨씬 역동적인 투자 대상입니다. 금보다 늦게 오르지만, 일단 상승세가 시작되면 금보다 큰 폭으로 오르는 경우가 많습니다. 2020년 팬데믹 이후 금이 30% 상승하는 동안 은은 50% 이상 올랐고, 2008년 금융위기 이후에도 비슷한 패턴을 보였습니다.

금과 달리 은은 산업 수요가 전체 수요의 절반 이상을 차지합니다. 은은 전기 전도성과 열 전도성이 뛰어나 대체재를 찾기 어려운 소재입니다. 스마트폰, 전기차, 태양광 패널에도 은이 필수적으로 들어갑니다.

특히 AI 반도체에서 은의 역할은 더욱 중요해지고 있습니다. 고성능 프로세서일수록 발열이 심해지는데, 은의 뛰어난 열 전도성이 칩의 온도를 낮춰주는 역할을 합니다. AI 반도체 수요의 폭발은 은 수요 급증으로 이어집니다.

은 투자의 대표적 ETF는 iShares Silver Trust(SLV)입니다. 2006

년 상장된 이래 가장 규모가 크고 거래량이 많은 은 ETF로, 실물 은을 보유하고 있어 은 가격과 거의 같이 움직입니다. 운용 수수료는 연 0.5%로 금 ETF보다 약간 높지만, 은의 변동성을 고려하면 합리적인 수준입니다. 금 ETF와 마찬가지로 미국 주식 계좌에서 달러로 거래할 수 있어 포트폴리오 관리가 편리합니다.

구리는 AI 인프라의 혈관이라고 할 수 있습니다. 데이터센터 한 곳을 건설하면 전력 공급, 냉각 시스템, 네트워크 케이블까지 모든 곳에 구리가 들어갑니다. 전기차의 핵심부품인 모터, 배터리에도 많은 구리가 필요합니다.

문제는 공급입니다. 새로운 구리 광산을 개발하는 데는 보통 10년 이상 걸립니다. 환경 규제도 강화되고 있어서 신규 개발은 더욱 어려워지고 있습니다. 전 세계 구리 공급의 상당 부분을 차지하는 칠레의 경우, 물 부족과 정치적 불안정이 생산에 악영향을 주고 있습니다. 국제에너지기구(IEA, International Energy Agency)는 2035년까지 구리 수요가 공급을 크게 초과할 것으로 전망합니다. 공급이 제한적인 상황에서 구리 가격의 상승은 불가피해 보입니다.

구리 투자를 원한다면 United States Copper Index Fund(CPER)를 고려해 볼 수 있습니다. 구리 선물 계약을 통해 구리 가격을 추종하는 ETF로, 순수하게 구리 가격 변동에 투자할 수 있습니다. 다만 원자재 ETF 특성상 롤오버 비용이 발생해 장기 수익률이 현물 대비 낮아질 수 있습니다.

은과 구리는 다른 원자재들과는 달리, 실제 AI 인프라 구축에 직접적으로 사용되는 소재들입니다. AI 혁명이 본격화될수록 이 금속들의 수요는 더 늘어날 것입니다. 다만 변동성이 크고, 경기 민감도도 높다는 점을 고려해 포트폴리오에서 큰 비중을 차지하지 않도록 유의해야 합니다.

리튬: AI 시대에 떠오르는 자원 1

리튬은 AI 시대의 새로운 석유라고 불립니다. 스마트폰, 노트북, 전기차, AI 로봇까지 모든 디바이스가 리튬 배터리에 의존합니다. 테슬라의 성공으로 촉발된 전기차 붐에 AI 디바이스 확산이 더해지면서 리튬 수요는 기하급수적으로 증가하고 있습니다.

리튬은 공급이 일부 국가에 집중되어 있습니다. 전 세계 리튬 생산의 대부분은 호주, 칠레, 중국에서 나옵니다. 이런 공급망 집중은 지정학적 리스크를 높입니다. 수요에 비해 제한된 공급망 때문에 당분간 가격이 우상향할 것이라는 전망이 많습니다. 하지만, 이러한 전망에 따라 단기간에 많은 리튬 광산을 개발한 결과, 공급 과잉에 따라 가격이 폭락한 적도 있어, 투자할 때는 주의가 필요합니다.

리튬은 Global X Lithium & Battery Tech ETF(LIT)를 통해 간접적으로 투자할 수 있습니다. 리튬 채굴, 가공, 배터리 제조에 이르는 전체 공급망의 기업들을 담고 있는데, 리튬 생산업체와 배터리 관련 기업들이 포함되어 있습니다.

우라늄: AI 시대에 떠오르는 자원 2

우라늄은 AI 시대에 급증하는 전력 수요를 감당할 원자력 발전의 핵심 자원입니다. 국제에너지기구(IEA, International Energy Agency)는 2030년까지 데이터센터 전력 소비가 2024년 소비의 2배를 넘어갈 것으로 보고 있습니다.

재생에너지 발전량이 급속도로 늘어나더라도 이런 막대한 전력 수요를 충당하기는 불가능합니다. 태양광과 풍력은 날씨에 의존적이고, 배터리 저장 기술로는 데이터센터의 24시간 안정적 전력 공급을 보장할 수 없습니다.

화석연료 발전으로 인한 탄소 배출량을 제한하려면, 위험성이 크더라도 원자력이 유일한 해답이라고 이야기하는 전문가들이 늘어나고 있습니다. 마이크로소프트, 아마존, 구글 같은 빅테크 기업들이 소형 원전 건설에 적극적으로 나서는 이유입니다.

우라늄은 Global X Uranium ETF(URA)를 통해 투자할 수 있습

니다. URA는 우라늄 생산업체와 원전 관련 기업들을 포함하고 있습니다. 원자력 산업의 부활과 함께 장기적 성장 가능성이 높은 분야입니다.

AI가 바꾸는 부동산, 리츠
(ETF 티커: VNQ, DTCR)

부동산은 전통적으로 인플레이션 헤지 수단으로 여겨져 왔습니다. 통계청, 금융감독원, 한국은행이 발표한 2024년 가계금융복지조사에 따르면 한국인의 자산에서 부동산이 차지하는 비중은 75%라고 합니다. 탈무드 포트폴리오의 1/3과 비교하면 과도하죠.

리츠(REITs: Real Estate Investment Trust)는 부동산에 투자하고 운영하는 회사의 주식이라고 생각하시면 됩니다. 그러니, 부동산을 보유한 분이라면 자산 배분 관점에서 리츠로 부동산의 비중을 더 늘릴 필요는 없습니다. 하지만, 부동산을 전혀 보유하지 않은 투자자라면 리츠를 모아놓은 ETF를 통해 간접적으로 부동산을 담아두는 방법이 있습니다. 대표적인 상품은 Vanguard Real Estate ETF(VNQ)입니다. 미국 전체 리츠 시장을 대표하는 ETF로, 주거용, 상업용, 산업용, 데이터센터까지 모든 유형의 부동산을 포함하고 있습니다. 규모와 거래량 모두 충분해서 부동산 섹터 전체에 분산해서 투자하기에 좋은 자산입니다.

인플레이션 방어를 넘어, 새로운 가치를 창출하는 부동산도 있습니다. 그 대표주자는 AI의 물리적 기반인 데이터센터입니다. 클라우드 컴퓨팅, AI 모델 훈련, 실시간 AI 서비스는 모두 데이터센터에서 이뤄집니다.

여기에 투자하려면 Global X Data Center & Digital Infrastructure ETF (DTCR)를 고려할 수 있습니다. DTCR은 데이터센터뿐 아니라, 통신 타워나 해저케이블을 개발하고 운영하는 디지털 인프라 기업에 투자하는 ETF입니다. AI 인프라 성장에 폭넓게 베팅할 수 있다는 장점이 있습니다.

데이터센터에 특화된 투자를 하고 싶다면 ETF 대신에 디지털 리얼티 트러스트(DLR)이라는 리츠 주식을 고려해 볼 수 있습니다. 앞서 소개한 DTCR이라는 ETF에서도 보유하고 있는 리츠 주식입니다. 데이터센터 리츠 중에서는 전 세계 최대로, 300개 이상의 데이터센터를 운영하고 있습니다. 아마존, 마이크로소프트, 페이스북이 DLR의 데이터센터를 임차해서 사용하고 있는 만큼 AI 인프라 확장의 직접적인 혜택을 받고 있습니다. 다만, 개별 기업투자와 마찬가지로 재무구조가 악화되거나 경쟁 리스크에 노출될 수 있다는 점은 주의해야 합니다. 다른 리츠회사가 데이터센터를 지어서 낮은 임대료로 임차인인 아마존, 마이크로소프트, 페이스북을 유혹할 수 있다고 생각하시면 이해가 될 겁니다.

AI 수요가 지속되는 한 데이터센터 부동산의 가치는 꾸준히 상승할 가능성이 큽니다. AI 기업에 직접 투자하는 것과 더불어, 그 기반을 지탱하는 인프라에 투자하는 전략을 병행하면 여러분의 포트폴리오를 한층 더 튼튼하게 만들 수 있습니다.

AI 시대, 아날로그 자산의 중요성이 커지는 이유

AI 주식으로 번 돈을, 어디에 보관해야 할까요? AI 투자자에게는 딜레마입니다. 테슬라가 일론 머스크의 트윗 하나로 요동치는 상황에서 이런 수익을 오롯이 AI 주식에만 재투자하는 것은 위험합니다.

AI 기술이 발전할수록 우리는 디지털 시스템에 더 의존하게 되고, 동시에 새로운 취약점에 노출됩니다. 기술이 발전할수록 기본으로 돌아가는 것의 가치도 함께 커집니다. 디지털이 지배할수록 아날로그의 소중함이 드러납니다. AI가 세상을 바꿀수록 변하지 않는 것들의 희소성이 높아집니다. 바로 이때 물리적이고 근본적인 자산의 가치가 더 주목받습니다.

지금까지 살펴본 금, 원자재, 리츠는 각각 다른 경제 상황에서 다른 성과를 보입니다. 금은 불확실성이 클 때, 원자재는 물가가 급등할 때, 리츠는 경기가 안정적일 때 상대적으로 좋은 성과를 보입니다. 이런 자산들까지 포트폴리오에 적절히 포함하면 어떤 상황에서도 일정 수준 이상의 수익을 낼 수 있습니다.

워런 버핏의 절대 잃지 말라는 원칙을 AI 시대에 맞게 해석하면, "AI의 성장에 베팅하되, AI가 통제할 수 없는 영역에도 자산을 배치하라."고 쓸 수 있지 않을까요?

완주하는 투자자가 되기 위해서는 속도만큼이나 균형이 중요합니다. AI 혁명의 수혜자가 되면서도, AI 혁명의 피해자가 되지 않는 포트폴리오를 만드세요. 그것이 진정한 AI 시대 생존 투자법입니다.

〈돈의 심리학〉의 저자 모건 하우절은 이렇게 말했습니다.

"부자가 되는 것보다 더 어려운 건, 부자로 남아 있는 것이다."

큰 수익은 성장하는 AI 주식에서 나올 수 있습니다. 하지만, 그 수익을 지키는 힘은 위기가 닥쳐도 가치가 쉽게 훼손되지 않는 자산 구성에서 나옵니다. 특정한 한두 개 자산으로는 충분하지 않습니다. 서로 상관성이 낮은 다양한 자산을 보유해서 하나의 시장이 흔들릴 때도 서로의 버팀목이 되어주는 구조를 만들어야 합니다.

이러한 구조는 장기 투자자의 생존 확률을 결정합니다. 돈을 지키는 습관은 자산이 커졌다고 해서 갑자기 생기지 않습니다. 1천만 원이든, 1억이든, 10억이든 한 번의 큰 손실이 주는 심리적 충격은 큽니다. 규모가 작다고 방심하면, 모으는 속도보다 잃는 속도가 더 빨라질 수 있습니다.

'AI로 번 돈을 AI가 바꿀 수 없는 곳에 보관한다.' 언뜻 모순적으로 보이지만, 이것이 오래 살아남고자 하는 AI 투자자가 가져야 할 자세입니다.

KRX금시장(증권사 현물거래) 활용하기

요즘은 ETF가 아니더라도 원화로 편리하게 금 거래를 할 수 있습니다. 은행의 금 통장과 증권사의 KRX 금 현물거래를 활용하는 방법입니다. 저는 수수료가 낮은 증권사 KRX 현물거래를 선호합니다. ETF처럼 호가창을 보면서 1g 단위로 원하는 가격에 매수/매도 주문을 넣을 수 있습니다. 수수료가 가격에 반영되는 ETF와는 달리, 보관 수수료를 내야 해서 일부 보관료를 계좌에 보유해야 하는 점은 약간 번거로울 수 있습니다.

나만의 포트폴리오 만들기 (달성 목표: 6개월)

로드맵 1·2단계를 잘 따라왔다면, 이제 엔비디아·테슬라·팔란티어처럼 AI 주식을 보유한 투자자가 되었을 것입니다. 이 세 종목은 여전히 AI 시대를 대표하는 핵심 투자처이지만, 긴 항해를 떠나기에는 너무 작은 배입니다. 장기적인 패러다임 전환에서 자산을 키워가기에는 조금 더 든든한 기반이 필요합니다.

제가 세웠던 목표는 AI 투자로 얻은 이익을 지키면서 동시에 AI가 만드는 새로운 기회까지 잡을 수 있는 포트폴리오를 만드는 것이었습니다. 개별 AI 주식만으로는 불완전했던 투자에 지수형 ETF, 채권, 그리고 금 같은 자산까지 더해지면 훨씬 균형 잡힌 포트폴리오가 됩니다. 처음에는 '어디까지 AI에 집중해야 하고, 어디까지 다른 자산에 나누어 담아야 할까?'라는 질문에 답을 찾기 어려웠습니다. 하지만, 제 상황에 맞는 자산 구조를 이해하고 난 후에는 나만의 포트폴리오를 만들기가 한결 수월해졌습니다.

모두에게 맞는 완벽한 포트폴리오는 존재하지 않습니다. 독자 여러분도 각자의 상황에 맞는 포트폴리오를 만드는 방법을 찾는 것이 관건입니다.

 ETF를 활용하여 AI 주식과 ETF의 효과적인 결합 방식을 찾고, 내 투자 세계를 확장해 보겠습니다.

Step 1. 현재 자산 전체 진단하기

3단계를 시작할 때 가장 먼저 할 일은 전체 자산을 펼쳐 놓고 현실을 파악하는 것입니다. 저는 아내와 함께 모든 계좌와 자산을 공유하고, 현재 우리 가족의 재무 상태를 진단했습니다. 여러분도 나만의 포트폴리오를 만들기 전에 자산 구조를 먼저 파악해 보시는 것을 추천합니다.

:: 상황별 자산 구조 예시

투자해 본 적 없었는데 이 책을 읽고 주식 투자를 시작한 사회 초년생: 현금(예적금) 80% + AI 주식 20%

부동산에만 집중하던 직장인 투자자: 부동산 70% + 지수형 ETF 10% + AI 주식 10% + 현금(예적금) 10%

대출 보유자: 부채 고려한 순자산 기준으로 재계산

중요한 건 남과 비교하지 말고, 내 현재 상황을 정확히 아는 것입니다.

Step 2. 목표 포트폴리오 설계하기 (To-Be)

올웨더 포트폴리오의 구성 종목을 참고하여 AI 주식과 부동산을 포함한 포트폴리오를 설계해 보았습니다. 목표 비중도 개인의 목표에 맞게 설정해 보세요.

:: 한국형 AI 포트폴리오 예시 (2024년 1인당 가계 순자산 2억 5천만원 기준)

자산	비율	금액	세부 내역
부동산	40%	1억 원	기존 보유 부동산(실거주 아파트)
주식	28%	7천만 원	AI 주식(엔비디아, 테슬라, 팔란티어) 12% (3천만 원) 지수형 ETF(S&P500-VOO) 16% (4천만 원)
채권/현금	24%	6천만 원	미국 국채 ETF(BND) 12% (3천만 원) 예금/적금 8% (2천만 원) 현금 4% (1천만 원)
금/원자재	8%	2천만 원	금 ETF(GLD) 4% (1천만 원) 원자재 ETF(DBC) 2% (5백만 원) 은 ETF(SLV) 2% (5백만 원)

Step 3. 단계적 포트폴리오 확장 전략

시행착오를 겪으며 찾은 방법은 '기존 자산을 건드리지 않고 신규 자금으로 균형 맞추기'였습니다. 목표 비율을 달성할 때까지 신규 투자금을 배분하는 방법입니다.

정확한 비중을 맞추는 것보다, 여러 종류의 자산을 매수하면서 포트폴리오를 만들어 간다는 것이 포인트입니다. 처음에는 복잡해 보이지만, 최소한 3가지 유형(주가지수 ETF, 채권 ETF, 금/원자재 ETF)만 나누어 보유해도 충분히 균형 잡힌 포트폴리오가 됩니다.

:: 월 50만 원 투자 포트폴리오 예시

항목	비율	금액
지수형 ETF(S&P500−VOO)	40%	20만 원
미국 국채 ETF(BND)	30%	15만 원
금/원자재(GLD/DBC/SLV)	20%	10만 원
AI 주식 추가 매수	10%	5만 원

Part 4

코어-위성 전략으로 수익률 높이기

안정적인 포트폴리오를 구성하는 지금까지의 투자만 따라 해도 충분합니다. 하지만, 사람의 마음은 늘 한 걸음 더 나아가길 원합니다. 투자에 익숙해지고, 수익이 생기기 시작하면 우리는 곧 '그 다음엔 뭘 더 해야 하지?'라는 질문을 하게 됩니다.

지금처럼 새로운 패러다임이 시작되는 시기에는 기계적인 포트폴리오 투자만으로는 아쉬움이 남습니다. 비트코인이나 이더리움 같은 암호화폐에 눈길이 가기도 합니다.

자산 배분으로 벌어들이는 안정적인 수익이 지루해지면, 이미 오른 종목 대신 다음 파도에서 먼저 움직일 회사를 찾고 싶어질 수도 있습니다. 제2의 엔비디아, 제2의 테슬라, 제2의 팔란티어를 남들보다 먼저 알아볼 수 있다는 자신감이 생기고, 더 빠른 지름길이 어딘가에 있다고 믿게 될지도 모릅니다.

이런 생각이 잘못된 것은 아닙니다. 오히려 투자자로서의 자연스러운 진화입니다. 우리는 AI 시대를 살아가지만, 어쩌면 2천 년 전부터 새로운 시대가 올때마다 다른 방식의 투자를 고민했던 사람들과 같은 고민을 하고 있습니다. 탈무드의 1/3 분산, 해리 브라운의 영구 포트폴리오, 레이 달리오의 올웨더 전략과 같은 자산배분 전략은 모두 각자의 시대에 맞는 해답을 찾아가는 과정에서 나온 결과였습니다. 이제는 우리가 AI 시대에 맞는 새로운 해답을 찾을 차례입니다.

Part 4에서는 코어-위성 전략을 기반으로 한 도전을 다뤄보려고 합니다.

코어-위성 전략은 이름 그대로 투자 자산을 두 층으로 나누는 접근입니다. 이 전략의 핵심은 균형입니다. 코어가 든든하게 자산을 지켜주는 동안, 위성은 새로운 기회를 탐색하고 도전합니다. 마치 태양이 중심에 있고 행성들이 자유롭게 공전하듯, 투자자의 포트폴리오 역시 안정과 도전의 조화를 이루게 되는 것이죠.

'코어(Core)'는 흔들리지 않는 중심축입니다. Part 3에서 알아본 안정적인 포트폴리오, 혹은 Part 2에서 집중했던 AI 시대를 주도할 기업들이 이곳에 자리 잡습니다.

반면 '위성(Satellite)'은 좀 더 실험적이고 공격적인 투자 영역입니다. 신흥 AI 기업, 암호화폐, 혹은 좀 더 공격적인 ETF와 같이 아직은 불확실성이 크지만 성장 잠재력이 높은 자산들이 들어갑니다.

AI 시대의 코어-위성 전략은 새로운 패러다임에 대한 참여 방식이기도 합니다. 안정적인 배경 위에 도전적인 선택을 얹는 것, 그것이야말로 "나는 AI 시대에 단순히 관찰자가 아니라 참여자"임을 선언하는 행위입니다. Part 4에서 알아볼 위성 전략은 세 가지입니다.

첫 번째 길은 AI ETF입니다. 이미 널리 알려진 엔비디아, 테슬라 같은 개별 종목에 직접 들어가기 부담스러운 투자자라도, ETF를 통해 AI라는 거대한 파도의 수혜를 넓고 안전하게 잡을 수 있습니다. 12장에서는 다양한 AI ETF를 비교하며, "넥스트 엔비디아"를 찾는 사람들에게 ETF가 어떤 의미를 갖

는지 살펴봅니다.

두 번째 길은 레버리지·인버스 ETF입니다. 안정적인 코어와 달리, 위성에는 때로 강한 추진력이 필요합니다. 레버리지 ETF는 상승장에서 수익률을 극대화할 수 있는 도구가 되고, 인버스 ETF는 하락장에서 포트폴리오를 방어할 수 있는 방패가 됩니다. 13장에서는 이 도구들의 가능성과 위험을 동시에 짚어보며, 투자자가 어떤 원칙을 세워야 하는지 이야기할 것입니다.

마지막으로, AI 시대에 빼놓을 수 없는 자산군인 암호화폐입니다. 블록체인과 디지털 자산은 새로운 금융 시스템의 토대가 되고 있습니다. 비트코인과 이더리움은 더 이상 주변부가 아니라 글로벌 자산의 한 축으로 자리 잡고 있죠. 14장에서는 암호화폐 투자가 어떤 의미를 갖는지, 그리고 이를 포트폴리오의 위성으로 어떻게 배치할 수 있을지를 다루게 됩니다.

이제부터는 바로 그 도전의 여정을 함께 시작해 보겠습니다.

:: 코어-위성 포트폴리오 구조도

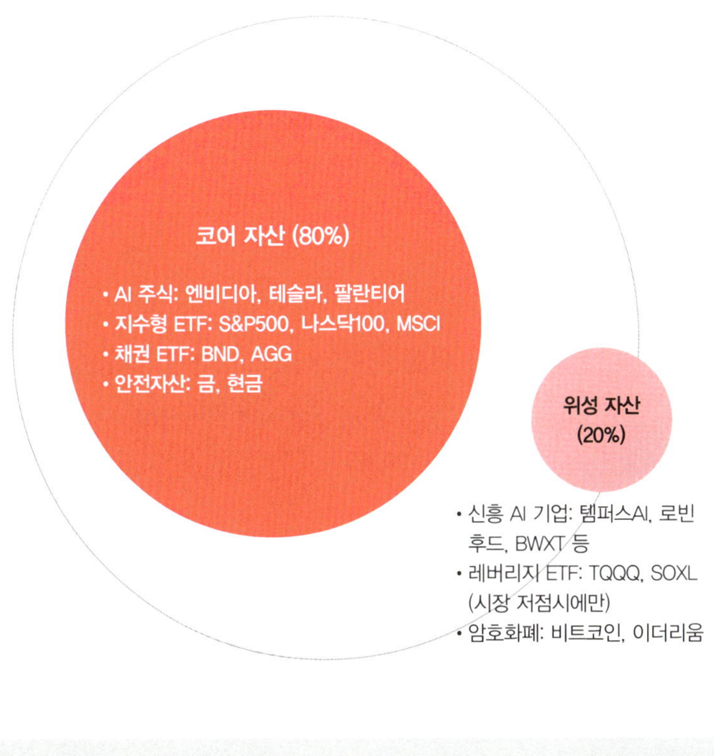
코어 자산 (80%)

• AI 주식: 엔비디아, 테슬라, 팔란티어
• 지수형 ETF: S&P500, 나스닥100, MSCI
• 채권 ETF: BND, AGG
• 안전자산: 금, 현금

위성 자산
(20%)

• 신흥 AI 기업: 템퍼스AI, 로빈
  후드, BWXT 등
• 레버리지 ETF: TQQQ, SOXL
  (시장 저점시에만)
• 암호화폐: 비트코인, 이더리움

AI ETF 활용하기: 넥스트 엔비디아를 찾는 사람들을 위하여

AI ETF면 충분할까?

Part 3에서는 균형을 위한 도구로서의 ETF를 활용하는 법을 살펴보았습니다. 8장에서 소개해 드렸던 ETF의 5가지 유형을 기억하시나요? 그중 두 번째인 테마형 ETF는 아직 다루지 않았습니다. 대부분 ETF는 균형을 위한 도구인 반면, 테마형 ETF는 AI처럼 새로운 패러다임에 올라타고 싶은 욕망을 반영한 투자상품입니다.

AI 투자를 결심했다면 가장 먼저 떠오르는 방법이 AI ETF일 것입니다. '개별 주식은 어려우니까 전문가들이 골라놓은 기업들을 담은 바구니에 투자하면 되겠지?' 저도 처음 투자를 시작할 때는 테마형 ETF에 종종 투자했습니다. 복잡한 분석은 펀드 매니저가

해주고, 나는 편하게 트렌드의 수혜를 받겠다는 매력적인 아이디어였죠.

실제로 시장에는 그런 기대를 충족시켜 줄 것 같은 다양한 AI ETF가 있습니다. Global X Artificial Intelligence & Technology ETF(AIQ), Roundhill Generative AI & Technology ETF(CHAT), Invesco AI and Next Gen Software ETF(IGPT) 같은 상품들이 대표적입니다. 이름만 봐도 AI와 관련된 기업을 한 번에 담고 있을 것같은 느낌이 듭니다.

2023년 ChatGPT 열풍은 AI ETF에 관한 관심을 폭발적으로 증가시켰고, 새로운 ETF도 등장하고 있습니다. 하지만 막상 ETF의 포트폴리오를 하나씩 들여다보기 시작하면 이상한 점이 있습니다.

어느 AI ETF를 봐도 비슷한 얼굴들이 반복해서 등장하는 것입니다. ETF 이름은 다르지만, 보유 종목을 살펴보면 엔비디아, 알파벳(구글), 메타와 같은 기업들이 다른 비중으로 섞여 있는 경우가 많습니다.

AI에 특화되었다고 광고하는 ETF의 상위 종목들이 사실은 일반적인 기술주 ETF나 심지어 S&P 500과도 상당 부분 겹치기도 합니다. AI 혁신에 투자한다고 생각했는데, 알고 보니 이미 모든 사람이 알고 있는 빅테크 기업에 투자하고 있었던 셈입니다. 그렇다면 AI라는 화제성 있는 테마에 편승해서 기존 기술주들을 재포장한 마케팅 상품에 불과한 것은 아닐까요?

혹시 낯선 이름이 가득하다면 아직 사업구조가 안정적이지 않은 기업으로 구성된 ETF일 수 있습니다. 그중에서 스타 기업이 나올 수는 있지만, 과연 이런 ETF가 정말 AI 혁신의 혜택을 받을 수 있는 구조일까요?

여러분이 Part 2에서 직접 구성해 본 엔비디아-테슬라-팔란티어 포트폴리오를 떠올려보세요. 사실 그 포트폴리오의 구성은 AI ETF의 핵심과 크게 다르지 않습니다. 그렇다면 군이 관리 비용을 내면서 AI ETF를 살 이유가 있을까요?

바로 이런 의문이 제가 AI ETF보다 개별주식 투자에 더 무게를 두는 이유입니다. 저도 테마형 ETF에 투자할 때가 있지만 벤치마크나 참고용일 뿐, 주된 투자 방식은 아닙니다. 왜 그런지 조금 더 생각해 봅시다.

AI ETF가 아닌 개별 주식에 투자하는 이유

저는 테마형 ETF 투자하는 비중이 크지 않습니다. AI 시대의 승자를 직접 골라서 집중적으로 투자하고, 다른 방법으로 위험을 분산하는 것이 더 효과적이기 때문입니다.

AI ETF의 성과는 포트폴리오에서 주도주가 차지하는 비중이 큽니다. 여러분이 펀드 매니저라고 생각해 보세요. 테마를 주도하는 엔비디아나 테슬라, 팔란티어 같은 대표적인 AI 기업의 비중을 낮출 수 있을까요? 주도주를 기본으로 하고, AI라는 이름표를 단 여러 기업에 나누어 투자하게 될 것입니다.

그렇기에, ETF로 얻고자 하는 실질적인 분산 효과는 크지 않습니다. ETF의 성과를 결정짓는 것은 주도주입니다. 주도주가 하락하면 테마형 ETF 내 종목 전체가 함께 내려갑니다. 그렇다고 주도주가 상승할 때 ETF 성과가 주도주 성과를 크게 웃도는 것도 아닙니다. 어차피 주도주의 성적표가 펀드의 성과를 좌우한다면 주요 기업의 본질적 가치와 성장 가능성에 직접 투자하는 게 낫지 않을까요?

물론 개별주식은 위험이 더 큽니다. 한 기업이 실패하면 그 타격이 바로 내 계좌에 전달됩니다. 하지만, 개별주식을 고르는 것은 단순히 테마에 베팅하는 게 아닙니다. 테마로서의 AI를 넘어서 실제 비즈니스 모델과 경쟁력을 갖춘 기업과 함께하고, 그들의 성장에 직접 참여하는 일입니다.

안정적인 자산 배분 포트폴리오보다 수익률을 더 높이고자 한다면, 지금부터 여러분이 가야 할 길이 바로 그런 길입니다. AI라는 거대한 변화 속에서 진짜 수혜 기업들을 찾아내야 합니다. 그렇기에 '이 섹터가 잘될 것 같은데?'라는 마음으로 시작하는 테마성 ETF 투자는 개별주식 투자를 대체할 수 없습니다.

그렇다면 테마성 ETF는 어떻게 활용해야 할까요? 저는 관심 가는 테마가 생기면 관련 ETF에서 보유하고 있는 종목을 살펴봅니다. 여러 ETF에서 공통으로 보유한 기업이 있다면, 검증된 기업이라고 판단합니다. 엔비디아, 테슬라, 팔란티어가 대표적이죠.

하지만 우리가 관심 있는 것은 '넥스트'입니다. 이미 알려진 승자보다 더 높은 수익률을 기대할 수 있는, 아직 덜 조명된 기업 말입니다. AI라는 이름 아래 수많은 기업이 쏟아지고, 때로는 껍데기만 바꾸는 기업도 있습니다. 이런 상황에서 앞으로 엔비디아, 테슬라, 팔란티어의 자리를 이어받을 진짜 혁신과 성장성을 가진 회사는 어떻게 가려낼까요?

이때 제가 가장 유용하게 참고하는 나침반이 있습니다. 바로 캐시우드가 이끄는 ARK 인베스트먼트의 포트폴리오입니다.

ARK 인베스트먼트: 넥스트 엔비디아를 찾는 탐험 지도

저는 성장 기업을 찾을 때 캐시우드가 운영하는 ARK 인베스트먼트의 인사이트를 종종 참고합니다. 누구나 혁신과 AI를 얘기하는 혼란 속에 ARK 인베스트먼트가 갖고 있는 명확한 기준이 투자 결정을 하는 데 큰 도움이 되기 때문입니다.

그들이 보는 진짜 혁신은 세 가지 조건을 만족해야 합니다. 첫째, 생산량 증가에 따라 생산 단가가 낮아지는 비용 구조로 되어 있는가? 둘째, 여러 분야와 지역으로 확산할 수 있는 확장성이 있는가? 셋째, 또 다른 혁신을 불러오는 플랫폼이 될 수 있는가?

ARK는 특히 AI 기술이 다른 혁신 분야와 융합될 때 더 큰 잠재력이 생긴다고 봅니다. 5가지 분야(인공지능, 로보틱스 및 자율주행, 에너지 전환, 유전자 및 바이오 혁신, 퍼블릭 블록체인) 속에서 빠르게 성장할 가능성을 찾습니다. 예를 들면 AI와 유전자 편집 기술의 융합은 정밀의료 혁신을 낳습니다. AI와 블록체인 기술의 융합은 금융을 재편하고 글로벌 사회 구조까지 바꿀 수 있습니다. 그래서 ARK는 단순히 AI 기술을 가진 기업보다는, 다른 기술들과의 시너지를 만들 수 있는 기업에 집중합니다.

엔비디아, 테슬라, 팔란티어 모두 이 조건을 만족하는 기업입니다. 여러분이 찾는 넥스트 엔비디아도 이 조건을 만족하는 기업일 것입니다. 혼자서 찾기는 어려우니, ARK 인베스트먼트의 포트폴리오를 참고하면 이 기준에 따라 선정한 후보 기업을 알아볼 수 있습니다.

저에게 ARK의 포트폴리오는 AI 투자 도서관입니다. 매월 업데이트되는 포트폴리오 안에는 다양한 미래 산업의 실험실이 담겨있습니다. 그 안에서 제가 공감하는 아이디어, 제가 기다릴 수 있는 시간이라는 조건을 고려하여 직접 골라봅니다. 그것이 개인 투자자가 할 수 있는 일이자, 넥스트 엔비디아를 찾는 방법입니다. ARK가 투자하는 기업의 대표적인 사례로, 세 개의 기업을 살펴보겠습니다.

템퍼스 AI (Tempus AI): 의학 데이터의 숨은 언어를 해독하는 회사

ARK가 최근 꾸준히 지분을 늘리고 있는 정밀의료 선도 기업입니다. 의료 데이터를 AI로 해석해 환자 맞춤형 치료를 제시하며, 실적과 투자 수요 모두에서 긍정적인 흐름을 보입니다.

의사는 보통 경험과 직관으로 환자를 진료합니다. 템퍼스 AI는 여기에 AI를 더합니다. 수백만 건의 임상 기록과 유전체 데이터를 모아 분석하고, 치료에 필요한 정보를 제공합니다. 처음엔 암 치료 보조 도구로 시작했지만, 데이터가 쌓이면서 분석 단가가 빠르게 내려갔습니다. 덕분에 희귀질환, 심혈관, 신경질환으로 영역을 확장하는 속도도 빨라졌습니다.

이 회사의 강점은 '데이터를 많이 갖고 있는 것'이 아니라, '데이터를 다루는 방식'입니다. 병원마다 형식이 다른 기록을 표준화하고, AI로 해석해 즉시 활용 가능한 형태로 바꿉니다. 환자의 유전자 변이에 따른 약물 반응 예측처럼, 실제 치료 의사결정에 도움이 되는 정보가 나옵니다. 시간이 지날수록 데이터와 알고리즘은 정교해지고, 비용은 더 낮아집니다.

템퍼스 AI는 분석 결과를 의사뿐 아니라 제약사와 연구기관에도 제공합니다. 신약 개발의 성공 확률을 높이고 임상시험 비용과 시간을 줄여, 헬스케어 전반에서 수요가 늘고 있습니다. 미국을 넘어 해외 병원과도 협력하며, 규제나 경기변동에 덜 민감한 구조를 갖추고 있습니다.

다른 AI 헬스케어 기업과 비교해 주목해야 하는 이유는 세 가지입니다. 첫째, 병원과 환자가 늘수록 모델 성능이 높아지고, 이는 다시 참여를 늘리는 강력한 네트워크 효과. 둘째, 진단 지원, 데이터 판매, 신약 개발 협력 등 다양한 수익원 확보. 셋째, 장기 성장성이 뚜렷하다는 점입니다.

결국 템퍼스 AI는 '의료 분야의 팔란티어'라 부를 만한 잠재력을 가진 기업입니다. 의료 데이터를 무기로 헬스케어 산업 전반을 바꾸는 플랫폼이기 때문입니다. AI가 의학의 언어를 다시 쓰는 지금, 그 중심에 있는 회사를 포트폴리오에 담는 것은 단순한 선택이 아니라 전략적 결정입니다.

의료 산업처럼 변화 속도가 느린 분야에서도 AI가 판을 바꾸고 있습니다. 이제 무대를 금융으로 옮겨 봅시다. 다음 사례는 금융 서비스의 진입 장벽을 허물고 있는 핀테크 기업, 로빈후드입니다.

로빈후드(Robinhood): 금융 민주화를 무기로 삼은 핀테크

ARK가 주목하는 또 다른 AI 기업은 로빈후드입니다. 투자 앱으로 출발했지만, AI와 블록체인을 결합해 금융 서비스 전반을 재편하려는 야심을 품고 있습니다.

로빈후드의 강점은 단순함입니다. 복잡한 수수료 구조와 최소 잔고 조건을 없애고, 몇 번의 터치만으로 주식과 암호화폐를 거래할 수 있게 했습니다. 이용자가 늘수록 평균 거래 단가가 낮아지는 구조를 만들어, 전형적인 규모의 경제를 실현했습니다.

여기에 AI가 더해지며 변화는 빨라지고 있습니다. 고객 지원·사기 탐지·리스크 관리를 자동화해 운영비를 크게 줄였고, AI 챗봇이 이용자의 투자 성향과 시장 상황을 분석해 거래 아이디어나 경고 알림을 제공합니다. 이상 거래 패턴을 즉시 감지해 계정을 보호하는 기능도 강화되었습니다. 초보 투자자에게는 쉬운 진입점, 숙련자에게는 정교한 분석과 실행 도구를 제공하는 개인화 전략이 핵심입니다.

로빈후드가 ARK의 투자 철학에 부합하는 이유는 확장성입니다. 미국에서 검증된 모델을 영국·유럽 등 2억 명 이상의 잠재 고객이 있는 시장으로 빠르게 확산하고 있습니다. 단순 거래 앱에서 디지털 월렛·결제·송금까지 통합한 종합 금융 플랫폼으로 진화하며, 일상 금융의 허브가 되려는 전략입니다. 특히 주목할 부분은 블록체인과의 융합입니다. 주식 토큰화 실험을 통해 24시간 거래, 소수점 단위 매매, 비상장 주식 접근을 가능하게 하고 있습니다. 이는 기존 금융 시스템의 장벽을 허물고, 개인 투자자에게 기관과 비슷한 기회를 제공하는 혁신적 시도입니다.

물론 규제 환경 변화와 암호화폐 시장 변동성이라는 리스크는 존재합니다. 하지만 금융 접근성을 높이고, AI와 블록체인으로 투자 경험을 재정의하는 플랫폼으로서 로빈후드의 잠재력은 여전히 큽니다. 금융의 문턱을 없애는 로빈후드는, 장기적으로 투자 패러다임을 바꿀 수 있는 플랫폼입니다.

지금까지 의료, 금융 플랫폼을 살펴보았다면 AI의 병목이 발생하는 전력산업으로 관점을 살짝 바꿔보려고 합니다. 소형 원자력으로 AI 시대 전력 수요에 대응하려고 하는 BWX Technologies입니다.

BWX Technologies: AI 시대의 전력 파이프라인

ARK가 꾸준히 주목하는 에너지 전환 기업 중 하나는 BWX Technologies(이하 BWXT)입니다. AI 모델이 거대해질수록 데이터센터의 전력 수요는 기하급수적으로 늘고 있고, 이제 전력은 AI

산업의 새로운 병목이자 전략 자원이 되었습니다. BWXT는 이 문제를 SMR(소형 모듈 원자로)로 해결하려는 기업입니다.

SMR의 핵심은 표준화입니다. 공장에서 모듈을 대량 생산해 현장에 설치하기 때문에, 생산량이 늘수록 단가가 빠르게 하락합니다. BWXT는 여기에 AI 기반 설계 최적화와 품질 검증 시스템을 적용해 효율을 극대화했습니다. AI 시뮬레이션으로 부품 배치와 열효율을 개선하고, 센서 데이터로 실시간 품질 점검을 진행해 개발 기간을 대폭 단축했습니다. 더 중요한 것은 AI가 원자로 운영 전반을 혁신하고 있다는 점입니다. 예측 정비 알고리즘으로 장비 고장을 사전에 방지하고, 실시간 모니터링으로 최적 출력을 자동 조절합니다. 이는 단순히 전력을 공급하는 것을 넘어, AI가 에너지 인프라 자체를 똑똑하게 만드는 사례입니다.

하지만 SMR 시장은 치열한 경쟁의 장입니다. NuScale은 이미 규제 승인을 받아 상용화에 가장 가까운 위치에 있고, 빌 게이츠가 투자한 TerraPower는 차세대 원자로 기술로 주목받고 있습니다. 샘 알트만이 투자한 Oklo는 소형화와 효율성에서 차별화를 추구하죠. 각각이 서로 다른 기술적 접근법과 고유한 장점을 가지고 있어, 승자를 예단하기는 어렵습니다.

SMR의 확장성은 무궁무진합니다. 수요도 데이터센터, 수소 생산, 원격 지역 전력 공급으로 빠르게 확산 중입니다. 마이크로소프트와 아마존 같은 빅테크 기업들이 자체 SMR 도입을 검토하고 있어, AI 연산과 클라우드 서비스의 핵심 인프라가 될 가능성도 큽니다.

ARK는 2024년 한 해 동안 BWXT 주식을 지속적으로 매수했습니다. SMR 시장에서 누가 최종 승자가 될지는 여전히 열린 질문이지만, ARK가 일관되게 BWXT에 투자하는 모습에서 그들의 신념을 엿볼 수 있습니다. AI가 전력을 먹어 치우는 속도가 빨라질수록, 이런 에너지 인프라 기업들의 진짜 가치가 드러날 것입니다.

AI 기업 투자에는 시간이 필요하다

위에 소개한 3개의 기업은 ARK의 선택이지만, 우리에게도 정답이라는 뜻은 아닙니다. ARK의 대표 ETF인 ARKK는 2016년 초부터 2021년 초까지 5년간 10배 이상 상승했습니다. 그러나, 2021년 2월에 고점을 기록한 이후 70% 이상의 하락을 겪었고, 2025년 11월까지 전고점을 회복하지 못했습니다. 독자분들 중에서는 이렇게 질문하실 분도 있을 것 같습니다.

"ARK 인베스트먼트가 그렇게 대단하면 왜 70%나 하락했지? 믿어도 되는 거 맞아?"

좋은 질문입니다. 지름길을 갈 때는 주의해야 할 점도 있습니다. 실제로 ARK가 보유했던 일부 종목들은 고점 대비 큰 하락을 겪었

습니다. 원격의료 플랫폼 Teladoc, 스트리밍 디바이스 업체 Roku
는 ARK의 대표적인 실패 사례로 종종 언급됩니다. 이 기업들은 혁
신이라는 이름 아래 높은 밸류에이션을 받았지만, 수익성 확보가
늦어지고 경쟁이 심화되면서 큰 낙폭을 보였습니다. 이런 점만 보
아도 기술의 선도자가 늘 좋은 투자처는 아님을 알 수 있습니다.

혁신기업에 투자하고 조금만 기다리면 곧 엄청난 수익이 날것
처럼 기대하지만, 현실은 다릅니다. 이런 기업 중 상당수는 아직
적자를 내고 있고, 시장 자체가 충분히 열리지 않아 돈 먹는 하마
가 되어 있는 경우도 많습니다. 그래서 혁신기업에 투자하는 일은
단기 수익을 추구하는 일이 아니라 미래를 보고 씨앗을 심는 일입
니다. 물을 줄 시간, 햇볕을 기다릴 인내가 없다면 어떤 열매도 맺
지 못합니다.

AI 기업 투자는 특히 그렇습니다. 어떤 기업은 초반에 거의 성
장하지 않다가, 특정 시점이 지나면 갑자기 폭발적으로 성장합니
다. 땅속에서 4~5년간 보이지 않게 뿌리를 내린 후, 어느 순간부
터 하루에 수십 센티미터씩 폭발적으로 자라는 것으로 알려진 모
소 대나무 처럼요. 모소 대나무는 4~5년이라는 대략적인 기간이
라도 예측할 수 있지만, 기업의 폭발적 성장 시점은 누구도 정확
히 예측할 수 없습니다. 황금알을 낳을 거라고 기대하고 투자했는
데, 그냥 달걀조차 낳지 못하는 기업, 매일 사료만 먹으면서 투자

자를 희망 고문하는 기업을 여러분은 얼마나 기다릴 수 있나요?

ARK는 5년 이상의 시간을 전제로 포트폴리오를 구성합니다. 그 안에는 실패할 기업도, 크게 성공할 기업도 함께 섞여 있습니다. 전체적으로 보면, 시간과 함께 성장의 총합을 키우는 전략입니다.

다시 한 번 말씀드리지만, 혁신기업에 투자한 자금에는 충분한 시간이 필요합니다. 급하게 회수할 필요가 있는 돈으로 투자하는 것은 잎이 자라기도 전에 뽑을 생각으로 씨앗을 심는 격입니다.

사람마다 견딜 수 있는 시간은 다릅니다. 여유자금으로 투자하더라도, 어느 순간에 그 용도가 바뀌기도 합니다. 처음 투자할 때는 평생 묻어둘 마음이었지만, 결혼 자금이나 부동산 구매를 위한 자금으로 바뀌기도 합니다. 아이가 생겨서 소비 규모가 늘어나거나 이직이나 퇴직으로 수입이 줄어들기도 합니다. 더 좋은 투자 기회를 발견하면 조금이라도 자금을 옮기고 싶은 마음이 들 수도 있습니다.

그래서 ARK와 같은 ETF의 포트폴리오는 정답지가 아닌 아이디어 소싱의 수단으로 활용해야 합니다. 우리가 기다릴 수 있는 시간과 캐시우드가 기다릴 수 있는 시간이 다르기 때문입니다.

AI ETF의 포트폴리오 살펴보기

AI ETF는 이름보다 안에 담긴 종목이 더 중요합니다. Yahoo Finance(https://finance.yahoo.com)에서 각 ETF를 검색해 보면 포트폴리오를 살펴볼 수 있습니다. ETF 티커를 검색한 후 'Holdings' 탭을 클릭하면 보유 종목과 비중을 확인할 수 있습니다.

1) 중복도 체크: 여러 AI ETF(AIQ, CHAT, IGPT 등)의 상위 10개 종목을 비교해 보세요. 3개 이상 ETF에 공통으로 들어 있는 기업이 있다면, 지금 시장이 인정하는 AI 기업입니다.

2) 신규 진입 종목 찾기: ETF의 월별 포트폴리오 변화를 추적하면 새롭게 편입되는 종목을 발견할 수 있습니다. 특히 여러 ETF에 동시에 이름을 올리기 시작했다면 주목할 만합니다.

3) 비중 변화 관찰: 단순히 포함 여부만이 아니라 비중 변화도 중요합니다. 액티브 ETF의 경우, 비중을 늘리는 종목이 있다면 운용사의 확신이 커지고 있다는 신호입니다.

포트폴리오를 상세히 살펴보려면 각 자산운용사의 공식 홈페이지를 활용하는 방법도 있습니다. 예를 들면, ARK는 거래 내역을 무료로 공개하며 매일 업데이트할 뿐만 아니라 그들의 인사이트도 주기적으로 공유합니다. (https://ark-invest.com)

AI ETF는 답안지가 아니라 참고서입니다. 펀드 운용사는 수년을 기다릴 수 있어도, 여러분이 기다릴 수 있는 시간은 다를 수 있습니다. ETF

포트폴리오를 통해 아이디어를 얻되, 최종 선택은 여러분의 투자 시간
과 위험 감수 능력에 맞춰 결정하세요.

Holdings: AIQ

Top 10 Holdings (31.54% of Total Assets)

Symbol	Company	% Assets
GOOGL	Alphabet Inc.	3.33%
BABA	Alibaba Group Holding Limited	3.28%
0700.HK	TENCENT	3.25%
AAPL	Apple Inc.	3.23%
AVGO	Broadcom Inc.	3.12%
005930.KS	Samsung Electronics Co., Ltd.	3.10%
META	Meta Platforms, Inc.	3.08%
AMD	Advanced Micro Devices, Inc.	3.05%
NFLX	Netflix, Inc.	3.05%
NVDA	NVIDIA Corporation	3.04%

Holdings: CHAT

Top 10 Holdings (42.27% of Total Assets)

Symbol	Company	% Assets
NVDA	NVIDIA Corporation	8.14%
GOOGL	Alphabet Inc.	5.13%
META	Meta Platforms, Inc.	4.13%
MSFT	Microsoft Corporation	4.06%
ORCL	Oracle Corporation	3.79%
0700.HK	TENCENT	3.71%
PLTR	Palantir Technologies Inc.	3.34%
0020.HK	SENSETIME-W	3.33%
NBIS	NBIS	3.33%
ANET	Arista Networks Inc	3.33%

Holdings: IGPT

Top 10 Holdings (56.79% of Total Assets)

Symbol	Company	% Assets
GOOGL	Alphabet Inc.	9.03%
NVDA	NVIDIA Corporation	8.95%
META	Meta Platforms, Inc.	7.94%
AMD	Advanced Micro Devices, Inc.	7.75%
ISRG	Intuitive Surgical, Inc.	5.00%
ADBE	Adobe Inc.	4.48%
QCOM	QUALCOMM Incorporated	4.24%
MU	Micron Technology, Inc.	3.93%
000660.KS	SK hynix Inc.	2.96%
MSTR	Strategy Inc	2.51%

  AI 시대, 챗GPT는 쓰지만 엔비디아는 놓쳤습니다

레버리지/인버스 ETF 활용하기

한국인의 레버리지/인버스 ETF 사랑

한국의 투자자는 레버리지 ETF를 정말 좋아합니다. 2025년 해외주식 연간 결제금액 TOP 10을 살펴보면, 절반이 레버리지/인버스 상품입니다. 아래 표에서 2, 3, 7, 8, 10위가 모두 레버리지 ETF입니다.

레버리지는 기초 자산의 수익과 손실을 2배, 3배로 증폭시키는 상품이고, 인버스는 기초 자산이 하락할 때 수익을 내는 상품입니다. 이 과정에서 놀라운 수익률이 나올 수도 있지만, 그만큼 위험도 커집니다.

앞서 살펴본 코어-위성 전략에서 레버리지 ETF는 위성 자산 중

단위: 억달러

순위	레버리지 종목명	티커	총결제 금액	설명
1	TESLA INC	TLSA	355	테슬라 주식
2	DIREXION DAILY SEMICONDUCTORS BULL 3X SHS ETF	SOXL	327	반도체 지수를 3배 추종
3	DIREXION DAILY TSLA BULL 2X SHARES	TSLL	278	테슬라 주가를 2배 추종
4	SPDR SP 500 ETF TRUST	SPY	199	s&p500 추종 etf
5	NVIDIA CORP	NVDA	198	엔비디아 주식
6	PALANTIR TECHNOLOGIES INC CL A	PLTR	127	팔란티어 주식
7	PROSHARES ULTRAPRO QQQ ETF	TQQQ	103	나스닥100 지수를 3배 추종
8	GRANITESHARES 2.0X LONG NVDA DAILY ETF	NVDL	86	엔비디아를 2배 추종
9	IONQ INC	IONQ	82	아이온큐 주식
10	DIREXION SEMICONDUCTOR BEAR 3X ETF	SOSX	77	반도체 지수를 인버스로 3배 추종

에서도 가장 공격적인 자산입니다. 안정적인 코어가 든든하게 받쳐주고 있을 때, 시장의 큰 흐름을 포착해 수익률을 극대화할 수 있는 도구로 활용할 수 있습니다. 하지만, 이 도구를 언제, 어떻게 사용할지에 대한 명확한 원칙이 없다면, 오히려 포트폴리오 전체를 위험에 빠뜨릴 수 있습니다.

레버리지 ETF, 언제 투자해야 할까?

레버리지 ETF 투자는 타이밍과 심리 게임이라고 생각합니다. 시장이 고점에서 춤추고 있을 때 들어가면 큰 손실을 볼 수 있지만, 충분히 하락한 후 반등 구간에서 들어가면 놀라운 성과를 거둘 수 있습니다.

그렇지만, 저점을 정확히 맞추려고 해서는 안 됩니다. 시장이 언제 바닥을 칠지는 아무도 모르기 때문에, 한 번에 투자하지 않고 여러 차례에 걸쳐 분할 매수해야 합니다. 저는 체감상 많이 떨어졌다는 감각을 믿되, 그 감각에만 의존하지는 않습니다. 실제로 성공한 레버리지 ETF 투자자들은 최소 두세 번에 걸쳐 분할 매수하는 전략을 사용합니다.

저는 두 가지 기준으로 레버리지 ETF 매수를 시작합니다. 첫 번째는 주요 지수가 고점 대비 20% 이상 하락했을 때입니다. 나스닥이나 S&P 500 같은 대표 지수가 상당폭 하락하면, 시장 전체가 공포와 패닉 상태에 빠집니다. 이때가 바로 공포에 사라는 주식의 격언을 통해 수익을 극대화할 기회입니다. 지수형 레버리지로는 TQQQ(나스닥 3배)와 SOXL(반도체 3배)을 주로 활용합니다.

이런 기준이 통하는 이유는 역사적 데이터에 있습니다. 나스닥은 20% 이상 하락한 후 1년 이내에 평균적으로 원래 수준을 회복하는 경우가 많았습니다. 2000년 닷컴 버블, 2008년 금융위기, 2020년 코로나 사태에서도 큰 하락 이후에는 강력한 반등이 뒤따랐습니다. 물론 회복 기간은 저마다 달랐지만, 시장의 자정 능력과 중앙은행의 정책 대응이 맞물려 상승세를 되찾았습니다.

두 번째는 개별 주요 종목이 40% 이상 하락했을 때입니다. 엔비디아, 테슬라, 팔란티어 같은 대표적인 AI 기업들이 큰 폭으로 조정받을 때, 해당 종목의 레버리지 ETF에 관심을 두기 시작합니다. 종목형 레버리지로는 NVDL(엔비디아 2배), TSLL(테슬라 2배), PTIR(팔란티어 2배)을 활용합니다. AI 테마의 핵심인 엔비디아와 테슬라는 2022년 금리 인상기에 큰 하락을 겪었지만, AI 테마가 견고하다는 것을 증명하면서 다시 크게 상승했습니다.

하지만, 개별 종목 레버리지는 주의가 필요합니다. 주도주는 언제든 바뀔 수 있고, 모든 기업이 상승 추세를 회복되는 것은 아니기 때문입니다. 개별 종목에 대한 레버리지 ETF를 사용하고자 한다면 장기 성장성이 확실한 대형 기술주에만 투자하는 것이 안전합니다. 지수형 레버리지보다 훨씬 보수적으로 접근하고, 금액도 소액으로 투자합니다. 큰 수익을 보겠다는 마음보다는 종목 레버리지로 번 수익은 본 주식을 매수하는 자금으로 활용합니다.

제가 정한 다른 원칙 중 하나는 레버리지 ETF에 투자한 금액이 현금 보유액을 넘지 않도록 하는 것입니다. 레버리지 ETF는 변동성이 심해서, 포트폴리오에서 감당할 수 있는 범위 내에서만 투자해야 합니다. 일반적으로 전체 포트폴리오의 5% 이내가 적정 수준으로 여겨지며, 공격적인 투자자라도 10%를 넘지 않는 것이 좋습니다. 코어 자산이 안정적으로 자리 잡고 있고, 충분한 현금이 있을 때만 이런 공격적인 베팅을 해도 시장에서 살아남을 수 있습니다.

매도 타이밍과 수익 실현 전략

레버리지 ETF는 오래 보유할 자산이 아닙니다. 시간이 지날수록 복리 효과와 변동성 손실이 누적되면서, 기초 자산보다 성과가 나빠질 수 있기 때문입니다.

레버리지 ETF처럼 변동성이 큰 자산은 수익이 날 때는 더 많이 투자하고 싶은 욕심이 생기고, 손실이 나면 패닉에 빠지기 쉽습니다. 하지만 이런 감정적 대응은 대부분 실패로 이어집니다. 계속 보유해도 감당할 수 있는 기초 자산과는 달리, 레버리지 ETF는 명확한 매도 기준을 세워두는 것이 중요합니다.

투자자마다 매도 전략은 다릅니다. 어떤 투자자들은 50% 상승 시점부터 분할매도를 시작합니다. 이들은 레버리지 ETF의 변동성을 더 보수적으로 접근하며, 작은 수익이라도 확실하게 챙기는 전략을 선호합니다. 반대로 더 공격적인 투자자들은 기초 자산이 명확한 상승 추세에 있다면 더 길게 보유하지만, 적절한 매도는 필요합니다. 2020년 폭락 장의 저점 부근에서 TQQQ를 매수한 투자자 중에서, 욕심을 부려 계속 보유한 투자자들은 2022년에 다시 찾아온 하락장에서 큰 손실을 봤습니다.

다른 자산과 달리 적절한 매도가 중요한 이유는 레버리지 ETF의 특성 때문입니다. 상승장에서는 기하급수적으로 오르지만, 조정이 시작되면 그 하락 폭도 매우 큽니다. 분명히 큰 수익을 내고 있었는데, 단 며칠 만에 원점으로 돌아갑니다. TQQQ의 경우 하루에 10% 이상 하락하는 날이 흔합니다. 이런 극단적 변동성 때문에 수익 구간에서 매도가 더욱 중요합니다.

저는 레버리지 ETF가 2배 이상 상승하면 비중을 줄여가기 시작합니다. 한 번에 정리하는 것이 아니라, 수익이 실현되는 구간에서 점진적으로 비중을 줄입니다. 예를 들어 2배가 되면 절반을 매도하고, 3배가 되면 나머지 절반을 매도하는 식입니다. (고백하자면, 원칙과 다르더라도 기분에 따라 1~2주 정도씩은 매수하거나 매도하면서 약간의 스릴을 즐기기도 합니다. 저의 경우에는 그 정도의 자유도가 있어야 핵심 원칙을 잘 지킬 수 있었습니다.)

저는 주식을 매수하면 웬만하면 팔지 않지만, 해외주식 절세전략에 따라 매년 12월이 되면 250만 원 이상의 수익은 실현합니다. 해외주식은 연간 250만 원까지 양도소득세가 면제됩니다. 수익이 충분하지 않더라도 레버리지 ETF는 그때 가장 먼저 매도하는 자산입니다.

레버리지 ETF의 또 다른 함정은 변동성 손실(Volatility Decay)입니다. 기초 자산이 10% 하락 후 11.11% 상승해서 원점으로 돌아와도, 3배 레버리지 ETF는 원점에 못 미치는 경우가 많습니다. 이는 매일 리밸런싱하기 때문에 발생하는 구조적 특성으로, 변동성이 클수록 손실이 누적됩니다. 그래서 명확한 상승 추세에서만 보유하고, 횡보장에서는 피해야 합니다. S&P500이나 나스닥도 지금까지는 꾸준히 우상향하고 있지만, 장기간 횡보할 가능성도 있습니다.

성공적인 레버리지 ETF 투자를 위해서는 처음부터 명확한 계획을 세우고, 그 계획을 철저히 지키는 것이 중요합니다. 언제 들어갈지, 언제 나올지, 얼마나 투자할지를 미리 정해두고, 시장 상황과 관계없이 그 원칙을 지켜야 합니다.

인버스 ETF, 권하고 싶지 않은 이유

인버스 ETF는 시장이나 기초 자산이 하락할 때 수익을 내는 상

품입니다. 시장이 고점이라는 생각이 들거나 하락에 대한 불안감
이 커질 때마다 생각나는 투자 도구입니다. 저도 몇 번 투자해 본
적이 있지만, 솔직히 말하면 성공하지 못했습니다.

많은 투자자가 인버스 ETF에 관심 두는 이유는 시장의 비합리
성을 미리 파악한 '선지자' 때문입니다. 영화 〈빅쇼트〉의 주인공인
마이클 버리처럼요. 그는 2008년 금융위기를 예측해 큰 이익을
거둠과 동시에 명성을 얻었습니다.

하지만 현실은 그리 간단하지 않습니다. 인버스 ETF로 성공하
려면 두 가지를 정확히 맞춰야 합니다. 첫째는 언제 폭락이 올지
예측하는 것이고, 둘째는 언제 그 폭락이 끝날지 아는 것입니다.
이 두 가지 모두 거의 불가능에 가깝습니다.

2022년처럼 뚜렷한 하락장에서도, 중간중간 강한 반등을 하면
서 인버스 ETF 투자자들을 괴롭혔습니다. 3월에 SQQQ를 샀던
투자자들은 3월 말 강한 반등으로 손실을 봤고, 5월에 다시 샀던
투자자들은 6월 반등으로 또 손실을 봤습니다. 하락을 예상하고
들어갔는데 시장이 오히려 올라가면, 손실은 기하급수적으로 커
집니다.

주식시장은 장기적으로 우상향합니다. 단기적인 조정과 하락이
있고 횡보장을 거칠 때도 있지만, 긴 시간으로 보면 결국 상승합
니다. 인버스 ETF는 이런 시장의 기본 흐름과 반대로 베팅하는 것

입니다. 설령 단기적으로 수익이 나더라도, 장기적으로는 손실이 누적될 가능성이 높습니다.

더 큰 문제는 심리적 부담입니다. 일반적인 주식 투자에서는 보유 종목이 잘되기를 바라지만, 인버스 ETF는 시장 전체가 망하기를 바라야 합니다. 매일 뉴스를 보면서 경제가 나빠지고 기업들이 어려워지기를 기대하는 모순적인 상황에 놓이게 됩니다. 이런 심리적 갈등은 올바른 투자 판단을 방해합니다.

그렇다면 인버스 ETF는 완전히 무용할까요? 투자 전문가들처럼 포트폴리오 헷징 목적으로 활용할 수 있습니다. 하락에 베팅하는 것이 아니라요. 예를 들어 전체 포트폴리오의 5% 정도를 인버스 ETF로 보유하면서, 나머지 95%에 대한 보험 역할을 하게 할 수 있습니다. 하지만 이것도 매우 정교한 계산과 경험이 필요한 고급 전략이라, 개인 투자자에게는 권하고 싶지 않습니다. 차라리 현금 비중을 늘리거나, 상대적으로 안전한 자산으로 피하는 것이 더 현명한 선택입니다.

폭락에 대처하기 위해 인버스 ETF 대신 추천하고 싶은 것은 '기다림'입니다. 늘 수익을 내야 하는 압박이 있는 전문 투자자는 가질 수 없는 개미 투자자만의 강점입니다. 시장이 불안할 때는 새로운 투자를 서두르지 말고, 기회가 올 때까지 인내심을 갖고 기다리는 것입니다.

AI 시대의 투자는 빠른 변화에 대응하는 것이지만, 동시에 기본 원칙을 지키는 것이기도 합니다. 인버스나 레버리지 ETF는 때론 강력하지만, 그만큼 위험한 도구입니다. 이 도구를 현명하게 활용하려면 충분한 준비와 명확한 원칙, 그리고 절제할 줄 아는 지혜가 필요합니다.

레버리지 ETF, 이렇게만 기억하세요

레버리지 ETF는 인생 역전을 위한 도구가 아닙니다. 큰 흐름을 따라가겠다는 겸손한 태도로, 확신이 생길 때만 잠깐 꺼내세요. 시장의 리듬에 먼저 움직이되, 잘못 판단했다면 바로 후퇴할 수 있도록 딱 한 발만 내딛는 겁니다. 그렇게 하면 레버리지 투자의 긴장감 속에서도 균형을 잃지 않을 수 있습니다.

1) 확실한 기회에만 짧게: 1년에 1~2번 정도 오는 단기 과매도 구간에서만 접근
2) 분할매수, 분할매도: 타이밍보다 생존이 우선
3) 인버스보다는 현금: 시장이 불안할 땐 베팅보다는 대피

014

암호화폐 투자

AI 경제의 운영체제

Part 3에서 다룬 '잃지 않는' 포트폴리오는 오랜 항해에서 생존을 위한 항법과 같습니다. 하지만 자산 지도에는 여전히 공백이 존재합니다. 이름만 들어도 심장이 뛰지만, 한 번 들어가면 누구도 무사히 돌아온다는 보장이 없는 곳. 동시에, 제대로 준비한 사람에게는 전설적인 보물을 안겨주는 곳. 그 대표적인 예가 암호화폐 시장입니다.

비트코인과 이더리움은 지난 10년간 금융 시장에서 가장 극적인 상승을 보여주었습니다. 2016년 50만 원이던 비트코인 가격은 2025년에 1억 6천만 원을 넘어서면서 320배로 상승했고, 1만 원이던 이더리움은 650만 원을 넘기도 했습니다. 이 과정에서 1년 안에 50% 이상 하락한 경우가 4번이나 있었고, 하루에 10% 이상 변하는 경우도 자주 볼 수 있었습니다. 각국의 규제와 해킹 뉴스가 등장하면서 투자자의 마음을 흔들어 놓는 경우가 허다합니다.

급격한 성장과 변동성에도 불구하고, AI 시대에 암호화폐 시장은 여전히 기회의 땅입니다. 암호화폐는 AI 경제와 긴밀히 맞물려 있습니다. AI가 만들어내는 방대한 데이터가 신뢰할 수 있는 방식으로 저장·검증되어야 하고, 거래와 계약이 사람의 개입 없이 자동 실행되려면 안전한 인프라가 필요합니다. 암호화폐는 바로 이 지점에서 핵심적인 역할을 합니다.

AI와 암호화폐의 연결은 이미 시작된 변화입니다. 예를 들어, 기업은 생성형 AI가 만들어낸 방대한 데이터의 원본이 변조되지 않았음을 증명해야 합니다. 이를 위해 데이터 생성 시점과 작성자를 암호화폐 기반의 블록체인에 기록해 신뢰성을 입증하고자 하는 시도가 늘어나고 있습니다.

AI 에이전트가 사람 대신 계약을 체결하고 결제를 실행할 때도 블록체인 기술이 필요합니다. 블록체인 기술을 활용하면 AI가 스스로 물건이나 서비스를 선택하고, 결제하고, 계약 이행 여부까지 검증할 수 있습니다. 이 과정에서 암호화폐 기반 결제와 블록체인 검증은 필수적인 인프라가 됩니다.

글로벌 결제 네트워크에서는 법정화폐보다 암호화폐가 빠르고 저렴하게 송금과 정산을 처리할 수 있습니다. AI가 실시간으로 데이터를 분석해 수만 건의 거래를 동시에 실행하려면 기존 금융망보다 탈중앙화되고 확장성 높은 네트워크가 필요합니다. 스테이블코인이 대표적인 예입니다. 달러나 채권 같은 전통 자산에 가치를 연동시켜 극단적 변동성을 줄이고, 블록체인 네트워크 위에서 안정적으로 자금을 이동시키는 수단으로 활용되고 있습니다.

AI 시대의 암호화폐 투자는 더 이상 자산 증식만을 위한 투기가 아니라, AI 경제의 운영체제에 투자하는 것과 비슷합니다. 오늘의 소프트웨어가 클라우드 위에서 동작하듯, 내일의 AI는 블록체인 위에서 움직이게 될 가능성이 높습니다.

대체 자산으로 자리 잡는 비트코인

이러한 가능성은 암호화폐 태동 초기부터 제기되었습니다. 하지만, 불과 몇 년 전까지만 해도 암호화폐는 일부 모험적인 투자자들만 즐기는 장난감처럼 보였습니다. 전통 금융권에서 주식이나 채권처럼 제도권 투자 자산으로 인정하는 경우는 드물었습니다. 개인이 투자하려면 스스로 디지털 지갑을 만들고 비밀번호를 보관해야 했으며, 신뢰성이 낮은 암호화폐 거래소를 거쳐야 했습니다. 투자 환경은 불편했고, 위험은 더 크게 느껴졌습니다.

그러나 2024년 미국 증권거래위원회(SEC)가 비트코인 ETF를 처음으로 승인하면서부터는 달라졌습니다. 전통적인 금융 시장을 통해 보다 안전하게 비트코인에 투자할 수 있게 된 것입니다. 이 결정 이후 블랙록, 피델리티 같은 세계적인 자산운용사들이 잇따라 비트코인 ETF 상품을 출시했습니다.

그 결과, 비트코인의 시장가치는 은 시장을 넘어섰습니다. 금, 은, 원유처럼 오랫동안 가치 저장 수단으로 인정받아 온 자산과 어깨를 나란히 하게 된 것입니다. 이제 비트코인은 단순한 투기 수단이 아니라, 투자 포트폴리오에서 대체 자산으로 공식 인정받고 있습니다.

흥미로운 점은, 전 세계 고액 자산가들의 포트폴리오에서도 암호화폐의 위상이 달라지고 있다는 사실입니다. 글로벌 컨설팅기업 Capgemini의 2024 세계 부 보고서에 따르면, 고액 자산가들의 포트폴리오에서 대체투자(암호화폐 포함)가 차지하는 비중은 평균 15%에 달하며, 이는 전통 자산군과 비교해 꾸준히 상승하는 추세라고 합니다. 초고액 자산가를 전담하는 BNY Mellon Wealth Management의 패밀리오피스 조사에서는, 전 세계 Family Office 의 39%가 이미 암호화폐에 투자했거나 투자 기회를 모색 중인 것으로 나타났습니다.

 AI 시대, 챗GPT는 쓰지만 엔비디아는 놓쳤습니다

불과 몇 년 전만 해도 실험적 자산에 불과했던 암호화폐가, 이제는 장기 자산 배분 전략 속에 일정 비율로 편입되는 자산군으로 자리 잡아가고 있는 것입니다.

이 변화에는 전통 자산군과의 상관성이 중요한 역할을 했습니다. 런던증권거래소 그룹 산하의 글로벌 지수·데이터 제공 기관인 FTSE Russell에서는 디지털 자산과 다른 전통 자산의 상관성을 분석한 보고서〈Digital Assets: Evolution and Correlations with Other Asset Classes〉를 발표했습니다. 이 보고서에 따르면, 과거 비트코인과 이더리움은 S&P500, 금, 채권 등과의 상관계수가 거의 0에 가까웠습니다.

사실상 독립적인 가격 움직임을 보였던 덕분에 포트폴리오에 편입했을 때 변동성을 줄이고 분산 효과를 얻을 수 있었습니다. 코로나19 이후 일부 기간에는 주식, 특히 나스닥과의 상관계수가 상승했지만, 채권·금 등 안전자산과의 상관성은 여전히 낮은 수준을 유지하고 있습니다. 이런 특징 덕분에 암호화폐는 여전히 포트폴리오 다변화 수단으로서의 가치를 유지하고 있습니다.

반감기 사이클을 따르는 암호화폐 투자

제도권 편입 이후에도 암호화폐의 변동성은 완전히 사라지지 않았습니다. 대표 자산인 비트코인만 하더라도 여전히 하루에 10% 이상 움직일 수 있고, 몇 달 만에 두 배가 되거나 반토막이 나기도 합니다. ETF로 투자하든 직접 투자하든, 이런 극심한 변동성 앞에서는 결국 개인의 심리와 판단이 수익률을 좌우합니다.

중요한 것은 암호화폐 시장이 뚜렷한 사이클을 보인다는 점입니다. 비트코인은 약 4년마다 발생하는 반감기를 중심으로 상승과 하락을 반복해 왔습니다. 이는 단순한 우연이 아니라 공급과 대중의 심리 변화에 따른 특성입니다. 비트코인 반감기 사이클의 존재를 안다면, 투자 전략도 조정할 수 있습니다.

과거 데이터를 보면, 비트코인 가격은 반감기 전 수개월에서 1년 전부터 서서히 상승세를 타기 시작하는 경향이 있습니다. 혹독한 겨울을 거칠 때는 봄이 오지 않을 것처럼 사람들의 관심이 사라집니다. 하지만 역대 반감기 모두, 겨울은 끝나고 봄은 찾아왔습니다.

반감기 시점을 절기로 비유하면 입춘에 가깝습니다. 땅속에서는 이미 변화가 시작되었지만, 겉으로 보기에는 아직 차갑고, 눈에 띄는 움직임은 없습니다. 반감기 전 6개월~1년 전은 겨울의 끝

자락, 서서히 온도가 오르며 시장에 온기가 도는 시기입니다. 이때 묵묵히 씨앗을 심은 투자자들이 다음 여름과 가을, 즉 상승장과 수확기를 맞이하게 됩니다.

다만 계절이 순환하듯, 가격도 직선으로 오르지 않습니다. 봄에도 꽃샘추위가 오고, 여름에도 장마와 태풍이 옵니다. 반감기 직전이나 직후에 단기 조정이 오는 경우가 많으며, 외부 충격이 시장을 흔들 때도 있습니다. 이런 조정은 오히려 긴 상승주기를 앞두고 암호화폐를 매수할 수 있는 투자 기회를 제공했습니다.

저 역시 이 시장에서 세 번의 반감기와 상승장을 경험했습니다. 첫 번째 상승장에서 저는 비트코인과 이더리움에 투자했습니다. 2016년 반감기 이후 진입했고, 3배 이상의 수익률을 기록한 이후로 조금씩 매도하기 시작했습니다. 폭락 장에도 일부를 계속 보유하다가 결혼 자금 마련을 위해 2019년쯤 전량 매도하여 수익을 실현했습니다.

2020년 반감기 전후로 시작된 두 번째 상승기 때는 더 좋은 타이밍을 기다리다 기회를 놓쳤습니다. 그때 깨달았습니다. 가격보다 중요한 건 시장에 남아 있는 시간이란 것을요. 지난번 매도했을 때보다 훨씬 더 크게 오르자, 후회가 밀려왔습니다. 왜 지난 폭락 장이 끝나가는 시점에 조금이라도 남겨두지 않았을까요? 그때는 몰랐습니다. 비트코인의 상승과 하락이 반복될 것이라는 사실을요. 아쉽긴 했지만, 시장 밖에서 사람들의 환희와 공포를 지켜보면서 어떻게 투자하면 수익을 낼 수 있는지 알게 되었습니다.

사이클에 대한 확신을 얻은 세 번째 상승기 때는 2024년 반감기가 오기 전에 진입했습니다. 수확의 계절이 끝날 즈음에 대부분은 현금화하겠지만, 비트코인 일부는 남겨둘 예정입니다. 투자는 긴 여정을 걷는 것입니다. 수익 실현은 최종 목적지가 아니라 하나의 경유지일 뿐입니다.

AI 시대에는 이 사이클이 더 길고 강해질 수도 있습니다. AI가 만드는 데이터와 거래량이 늘어날수록, 이 시장의 파도는 더 커질 수밖에 없습니다. 그렇기에 이번 반감기로 인한 상승 사이클이 끝

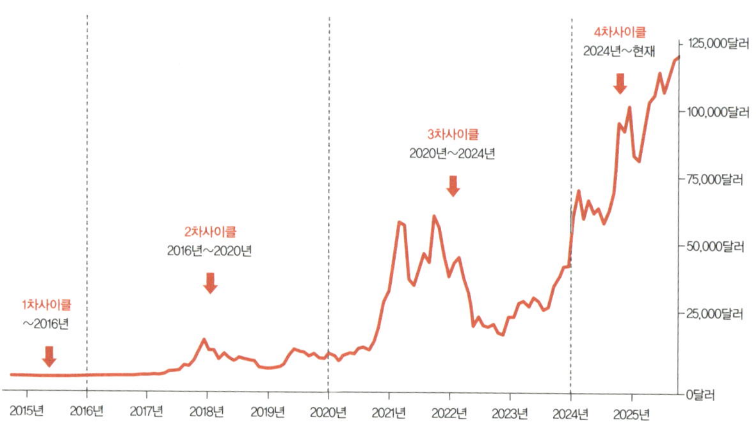

:: 비트코인 반감기 사이클 (2015년~2025년)

나더라도 너무 조급하게 전량을 매도하지 않으려고 합니다. 그렇게 하면 사이클의 변화나 다음 상승장이 왔을 때, 다시 기회를 잡을 수 있는 여지를 남겨둘 수 있습니다.

사람마다 감당할 수 있는 투자는 다르다

2017년, 저는 아내(당시엔 여자 친구)에게 이더리움 투자를 권했습니다. 아내는 비교적 빠르게 50%의 수익을 내고 매도했습니다. 당시에는 아내가 편안한 시점에서 팔았다고 생각해 격려했습니다. 그러나 이더리움은 그 후에 두 배 넘게 더 상승한 후 하락하기 시작했습니다.

며칠 뒤, 아내가 걱정스러운 얼굴로 말했습니다.

"큰일 났어. 이더리움이 폭락하고 있어."

"아직 갖고 있었어? 이미 팔았다고 하지 않았어?"

"다시 샀어. 더 오를 줄 알았지."

아내는 자신이 너무 빨리 팔았다는 아쉬움에 다시 매수했고, 결국 손실을 보고 괴로워했습니다. 같은 종목, 같은 타이밍에도 사람마다 감당할 수 있는 리스크와 감정의 크기가 다르다는 사실을 깨달았습니다.

이 사건을 겪으며, 저는 과학자 아이작 뉴턴의 유명한 투자 일화를 떠올렸습니다. 뉴턴은 남해회사에 투자해 적절한 이익을 얻은 후 매도했습니다. 하지만, 주가가 계속 오르는 것을 보고 참지 못한 채 다시 매수했고, 결국 버블이 터져 큰 손실을 봤습니다. 그는 이렇게 말했습니다.

"나는 천체의 움직임은 계산할 수 있어도, 인간의 광기는 계산할 수 없다."

천재 과학자 뉴턴조차 투자 심리 앞에서는 무력했습니다. 우리 역시 예외가 아닙니다. 암호화폐 투자는 심리적 변화에 영향을 많이 받기 때문에 투자에 더 주의해야 합니다.

하지만, 지금까지의 투자 경험을 통해 변동성을 감당할 힘이 쌓였다고 느껴지신다면 암호화폐도 포트폴리오에 10% 이내로 추가해 보는 것은 어떨까요? AI 시대의 암호화폐는 새로운 금융 자산으로 자리 잡아가고 있습니다. 투자 심리만 잘 관리할 수 있다면, 암호화폐도 균형 잡힌 포트폴리오의 한 축이 될 수 있습니다.

비트코인이 아닌 암호화폐에 투자하고 싶어요

사람들이 암호화폐 시장에 관심을 가지게 되면 비트코인은 이미 많이 올라와 있는 경우가 많습니다. 이때 시장에 들어오는 사람들은 자연스럽게 다음 비트코인을 찾습니다. 이때 주목받는 것이 바로 '알트코인(Alternative Coin의 줄임말)'입니다. 이더리움, 솔라나, 리플처럼 수년간 살아남은 코인도 있지만, 대부분은 잠시 반짝했다가 사라집니다.

매번 비트코인 반감기 사이클마다 코인 시장에는 다른 테마가 떠올랐습니다. 이번 반감기 사이클(2024년~)에서 시장이 주목하는 화두는 세 가지입니다.

1) 스테이블 코인: 달러나 채권 가치에 연동된 결제형 암호화폐 (USDT, USDC 등)
2) 토큰화 자산: 주식(비상장 포함), 채권, 부동산 등 실물자산을 블록체인에 올려 거래하는 기술
3) 알트코인 ETF: 제도권에 편입하는 대형 알트코인 ETF 상품 (이더리움 등)

이 테마들은 이번 상승장의 중심이 될 수도 있습니다. 하지만, 이 흐름에만 집중해서 알트코인에 올인하면 위험합니다. 암호화폐 시장은 늘 비트코인을 중심으로 움직여 왔기 때문입니다.

비트코인 도미넌스(시장 내 비트코인이 차지하는 비중)는 보통 50% 이상입니다. 알트코인 폭등장이 오면 잠깐 30% 초반까지 내려가더라도 언제나 그 수준을 회복해 왔습니다.

암호화폐에 투자하고 싶다면, 전체 포트폴리오의 10% 이내로 제한하고, 그중에서도 비트코인을 절반 이상 보유해야 안전하게 투자할 수 있습니다. 알트코인을 살 때도, 비트코인 상승 추세 속에서만 접근하세요. 비트코인이 길을 내야, 알트코인이 그 위를 달릴 수 있습니다. 길이 닫히면, 어떤 알트코인도 앞으로 나아갈 수 없습니다.

코어–위성 전략 실행하기 (달성 목표: 1년)

이제는 이 핵심 종목들을 '코어'로 삼고, 그 위에 새로운 '위성'을 얹는 구조로 업그레이드할 때입니다. 이제부터 당신은 단순 매수가 아니라 포트폴리오를 설계할 수 있는 단계에 왔습니다.

이 단계의 목적은 안정성과 성장성을 동시에 유지하는 포트폴리오를 완성하는 것입니다. 전통적 의미의 안정성(변동성 낮음)이 아니라, 내가 버틸 수 있는 안정성이 핵심입니다. 코어는 시장의 큰 흐름을 따라 안정적으로 자산을 불려주고, 위성은 시장의 새로운 파도를 타는 기회를 줍니다. 코어가 든든해야 위성에서 실패해도 다시 시도할 수 있습니다.

투자금이 커지면 변동성에 대한 심리적 압박도 커집니다. 자산이 커질수록 수익률보다 더 중요한 것은 '흔들리지 않는 마음'입니다. 코어와 위성의 역할을 명확히 나누면, 시장이 흔들려도 투자 습관을 유지할 수 있습니다. 이제 당신은 단순 보유를 넘어, 장기적으로 버틸 수 있는 투자자로 성장하는 것입니다.

코어: 내가 끝까지 들고 갈 자산 (80% 이상)

보통 코어-위성 전략에서 코어는 변동성이 적은 방어 자산을 의미하지만, 여기서는 시장이 출렁여도 팔지 않고 들고 갈 수 있는 내 확신의 기반을 뜻합니다.

수익률과 관계없이 코어 자산은 유지하겠다는 마음이 들어야 하고, 장기적으로 시장 전체의 성장과 함께 갈 수 있는 자산으로 구성해야 합니다. 3단계에서 구성한 포트폴리오(AI 주식, 지수형 ETF, 채권, 금)가 코어가 되는 것이 가장 이상적입니다.

위성: 미래를 여는 실험실 (20% 이하, 왕초보라면 10% 미만)

좀 더 나은 투자자가 되려면 지속적으로 새로운 투자 방법을 찾고 시도해 보아야 합니다. 위성에는 내가 직접 발굴한 미래 성장주, 레버리지 ETF, 암호화폐 중 1~2개를 편입합니다.

이 책에서 소개한 템퍼스AI, 로빈후드, BWXT처럼 새롭게 부상하는 혁신기업을 담거나, 비트코인이나 알트코인처럼 성격이 다른 자산을 추가해 포트폴리오의 다양성을 높이는 것도 좋은 방법입니다. 이 책에서 다루지 않은 기업이라도, AI 시대에 성장할 가능성이 높다고 판단된다면 포함해도 됩니다. 위성 자산 중에서도 레버리지 ETF는 시장이 저평가되었다는 확신이 들 때만 시도하는 것이 좋습니다.

위성 종목은 성공하면 수익률을 크게 끌어올릴 수 있습니다. 하지만, 실패해도 포트폴리오 전체에 큰 타격이 없을 정도의 비중만 보수적으로 구성해야 합니다. 한 번에 여러 위성에 분산하지 말고, 정기적으로 성과를 점검해 보시기 바랍니다.

실행 단계 예시: 개인의 투자 경험과 자금 상황에 따라 단계별 기간은 조정

1~3개월: AI 주식으로 포트폴리오 구성
4~6개월: 코어 포트폴리오 확장 (지수형 ETF, 채권, 금 추가)
7~9개월: 위성 후보 발굴 및 소액 투자
10~12개월: 위성 성과 평가 및 전체 포트폴리오 조정

위성 교체 기준 예시

- 위성 자산의 손실 30% 시 재검토
- 3개월간 큰 변화 없을 시 재평가
- 투자 논리가 변했을 시 즉시 검토

Part 5

심리와 원칙으로 완성하는 AI 투자

지금까지 우리는 AI 주식에서 시작해 채권, 금, 암호화폐까지 다양한 자산을 탐험했습니다. ETF로 더 안전한 길을 가는 방법을 다루고, 코어-위성 전략으로 수익률을 높이는 방법도 살펴보았습니다. 이제 투자자로서 충분히 많은 도구를 손에 쥐었습니다.

하지만 도구만으로는 항해가 완성되지 않습니다. 같은 지도와 나침반을 갖고도 어떤 이는 항해를 마치고, 어떤 이는 길을 잃습니다. 항해에 성공하려면 나의 위치와 가야 할 곳을 명확히 알아야 합니다. 나 자신을 얼마나 잘 아느냐에 달린 것입니다.

우리는 AI 시대를 살아가지만, 정작 가장 큰 기회는 뜻밖의 곳에 숨어있을지 모릅니다. 모든 이가 넥스트 엔비디아를 찾아 헤맬 때, 정작 승부는 우리 곁의 평범한 기업들이 AI로 변신하며 가를지도 모르죠.

그래서 이제부터는 마지막 관문을 향해 나아가려 합니다. 투자에서 가장 배우기 어렵지만, 결국 승부를 갈라놓는 힘은 심리와 원칙입니다. Part 5에서는 바로 그 이야기, 즉 시장의 유혹에 흔들리지 않고 나만의 투자 원칙을 세우는 법을 나누고자 합니다.

평범함의 함정과 숨은 AI 혁신기업들

예측 시장에서 읽는 AI 전쟁의 향방

2025년, 인공지능 업계의 경쟁은 과거와는 다른 새로운 국면을 맞이하고 있습니다. OpenAI의 GPT 시리즈가 압도적인 1위를 유지했던 초기와 달리, 현재는 여러 기업이 각자 고유한 전략과 기술력으로 경쟁하고 있습니다. 여러분이 투자하려는 기업이 시장에서 어떻게 평가받고 있는지, 지금 당장 수치로 확인할 수 있다면 어떨까요? 최근 주목받고 있는 예측 플랫폼 폴리마켓의 데이터는 이러한 흐름을 직관적으로 보여줍니다.

폴리마켓은 전 세계 사용자들이 특정 사건의 결과에 돈을 걸고 참여하는 탈중앙화 예측 시장입니다. 단순한 투표나 여론조사와는 다릅니다. 이곳의 참가자들은 자신의 돈을 걸기 때문에, 감이나 선호보다는 정보와 분석에 근거하여 판단합니다. 그 결과, 더 정교하고 신뢰할 수 있는 집단지성이 형성됩니다. 전문가와 투자자들이 참여하는 이 플랫폼에서는 기업의 기술력뿐만 아니라 전략적 방향성, 생태계 구축 능력, 시장 잠재력까지 종합적으로 반영됩니다. 예측 결과는 시장 가격 형태로 표현되어, 각 사건의 실현 가능성을 확률적 수치로 해석할 수 있는 것이 특징입니다.

예를 들어 "2025년 말, 최고의 AI를 개발할 회사는?"이라는 질문에 베팅한 결과를 보면, 사람들이 AI 기술 경쟁에서 어느 기업에 가장 높은 기대를 걸고 있는지 가늠해 볼 수 있습니다. 최근 가장 많은 주목을 받은 서비스는 구글의 제미나이, OpenAI의 챗GPT, Anthropic의 Claude, 그리고 일론 머스크가 설립한 xAI의 Grok입니다.

OpenAI는 챗GPT라는 강력한 브랜드로 AI Agent 분야로 확장하며, 사용자의 복잡한 업무를 자율적으로 처리하는 방향으로 진화하고 있습니다. 구글의 제미나이는 방대한 데이터와 기존 서비스를 통합하여 사용자 경험을 획기적으로 개선하고 있습니다. xAI의 Grok은 실시간 정보 처리 능력과 소셜미디어 플랫폼 X와의 긴밀한 연동으로 차별화를 시도하고 있습니다. 치열한 경쟁 속에서 가장 승리 확률이 높은 기업은 어디일까요? 폴리마켓에서는

OpenAI의 챗GPT가 아니라, 구글의 제미나이가 AI 경쟁의 승자가 될 가능성을 가장 높게 점치고 있습니다.

무심코 지나치는 기회

폴리마켓의 데이터가 보여준 것은 구글이라는 전통의 강자였습니다. 모두가 아는 이름이지만, 정작 투자자들의 관심에서 살짝 비켜나 있는 거인입니다.

구글은 익숙한 기업입니다. 누구나 알고 있어서 특별하지 않습니다. "와, 이거다!" 싶은 열광의 투자 대상이라기보다는 독점 금지와 개인정보 보호 이슈 같은 규제 리스크에 직면했던 거대 기업의 이미지가 먼저 떠오릅니다. 세상을 바꿀 AI 기업으로 인식하기보다는 기존의 헤게모니에 사로잡혀 변화가 어려울 것으로 예상되기도 합니다. AI로 인해서 검색하는 방법이 바뀌고 있으니, 검색 시장의 절대강자인 구글의 지위가 흔들릴 수 있다는 전망도 자주 들려옵니다.

우리는 평범함을 회피하는 편향이 있습니다. 심리학에서는 이 것을 현저성 편향(Salience bias)이라고 부릅니다. 익숙하고 안정적 인 것보다, 자극적이고 드라마틱한 정보가 실제보다 더 중요하다 고 생각하는 경향을 의미합니다. 투자에서는 눈에 띄는 스토리, 급 성장 기업, 신화적 CEO에 과도한 주목을 이끄는 경향으로 나타납 니다. 챗GPT를 만든 OpenAI의 성공 스토리, 문제적 CEO인 일론 머스크의 슈퍼 앱 구상과 연계된 xAI. 이런 기업들에는 강한 스토 리텔링이 있고, 시장은 그것에 열광합니다.

반대로 구글은 너무 오래 알고 지낸 친구 같습니다. 구글은 너 무 익숙해서, 기술력이 아무리 뛰어나도 투자자에게 보상을 줄 것 처럼 느껴지지 않습니다. 가장 강력한 AI 인프라와 생태계를 갖추 고 있음에도, 감정을 자극하지 않는다는 이유로 투자자들의 관심 에서 비켜나 있습니다.

하지만, 구글은 AI 연구의 선구자로서, AI 기술의 발전을 이끌 어왔습니다. 최근 AI 트렌드를 단순히 따라가는 것이 아니라, AI의 근간을 다져온 기업이라는 뜻입니다.

아이러니하게도, 경쟁사들이 구축하려는 AI 생태계는 이미 구글이 지난 10년간 실현해 온 것입니다. 사람들이 매일 검색하고, 영상을 보고, 메일을 쓰는 그 순간마다 구글의 AI는 작동하고 있습니다. 사람들은 AI라는 인식조차 하지 못한 채 구글의 기술을 일상적으로 소비하고 있습니다. 경쟁자가 쉽게 따라 할 수 없는 무형의 경쟁력입니다.

이 데이터를 처리하고 AI 모델을 훈련할 수 있는 막대한 규모의 인프라도 이미 구축하고 있습니다. 추가 투자도 망설이지 않습니다. 구글의 핵심 사업에서 발생하는 안정적인 현금 흐름은 인프라 투자 경쟁을 이어가게 해줍니다.

눈앞의 신화에 빠지다 보면, 투자자들은 AI 시대의 승자가 새로운 기업일 것이라는 생각에 빠지게 됩니다. 투자 기회가 이미 우리 근처에 있다는 것을 깨닫지 못하고 말이죠.

AI, 새로운 전기를 흐르게 하다

앞으로는 어떤 기업이 AI 기술의 수혜를 입을까요? 저도 답이 있는 것은 아니지만, 새로운 시대의 승자가 될 새로운 기업들이 등장할 것이라는 사실은 명확합니다.

AI는 단순한 소프트웨어도, 특정 하드웨어의 전유물도 아닙니다. 전기, 도로, 상수도 같은 인프라입니다. AI 기술이 흘러가는 모든 길목에서, 그 기반을 제공하거나 이를 활용해 실질적인 효율을 창출하는 기업들이 앞으로도 계속 등장할 것입니다.

전기가 등장했을 때 전구 회사만이 아니라 전기를 활용한 모든 산업이 수혜를 입었고, 스마트폰이 등장했을 때 반도체, SNS, 게임, 온라인쇼핑 등 여러 산업이 새롭게 재편되었습니다. 답은 정해져 있지 않습니다. 오히려 전통 산업의 기업이 AI로 혁신기업이 될 수도 있습니다. 지금부터는 전통 산업에서 AI 기업으로 변화한 세 가지 사례를 살펴보려고 합니다.

농업계의 테슬라, 존디어

전통 산업에서 가장 드라마틱한 변화를 보여주는 사례는 존디어입니다. 수십 년간 농기계를 만들어온 이 기업은, 최근 몇 년 사이에 'AI 기반 정밀 농업 플랫폼'으로 비즈니스의 중심축을 이동시키고 있습니다. 겉으로 보기엔 여전히 트랙터와 콤바인 같은 농기계를 판매하는 제조업체처럼 보이지만, 실제로는 자율주행, 머신러닝, 클라우드 데이터를 활용해 농업의 생산성을 비약적으로 끌어올리고 있습니다.

대표적인 기술이 바로 See & Spray™입니다. 이 시스템은 농기계에 장착된 고해상도 카메라와 AI가 실시간으로 농작물과 잡초를 구분해, 꼭 필요한 곳에만 제초제를 뿌립니다. 기존 대비 화학 약품 사용량이 대폭 절감되었고, 작물 수확량과 토양 보존 효과는 증가했습니다. 이처럼 존디어는 하드웨어 판매를 넘어 AI 기반 데이터 서비스와 SaaS 형 구독 수익 구조로 전환을 시도하고 있으며, 투자자들에게는 농슬라(농업계의 테슬라)라는 별칭으로 불리기도 합니다.

무엇보다 인상적인 건, 이 변화가 단순히 기술의 문제가 아니라는 점입니다. 존디어는 고객 농장의 데이터를 수집하고, 이를 기반으로 맞춤형 경작 전략과 유지보수까지 제공하는 종합 AI 플랫폼 기업으로 진화하고 있습니다. 실제로 주가 흐름도 시장 기대치를 지속적으로 상회했고, 테크 기업 못지않은 프리미엄 밸류에이션을 인정받고 있습니다.

페라리, 팔란티어의 기술로 또 한 번 도약하다

전통적인 자동차 제조 기업 페라리(Ferrari)도 AI로 인해 변화하는 혁신기업입니다. 럭셔리 스포츠카라는 초정밀 수작업의 정점에 있는 브랜드가 AI 플랫폼을 도입했다는 사실은 의외일 수 있습니다. 하지만 페라리는 차량 설계, 테스트, 생산 공정 전반에 걸쳐 팔란티어의 파운드리 기술을 적용하고 있습니다.

F1 레이싱카의 센서 데이터부터 시뮬레이션, 엔진 성능 테스트까지 모든 데이터를 통합해 엔지니어들이 실시간으로 분석하고 최적의 의사결정을 내릴 수 있도록 지원하고 있습니다. 이는 기술적 정밀도뿐만 아니라, 고객 맞춤형 주문 생산 과정에서도 효율을 높이는 데 기여하고 있습니다. 페라리는 디지털 역량 강화를 전통 제조업의 미래 경쟁력으로 삼고 있다는 점에서 깊은 인상을 남깁니다.

전통 금융기업이길 거부하는 골드만삭스

또 하나 주목할 만한 사례는 골드만삭스입니다. '월가의 전통', '엘리트 금융인의 집합소'라는 이미지로 대표되던 이 기업은, 최근 들어 내부 업무 시스템 전반에 걸쳐 AI 도입을 가속화하고 있습니다. 단순한 챗봇 수준을 넘어, 시장 예측, 채권 구조 설계, 고객 리서치, 문서 자동화 등 다양한 분야에서 대규모 언어모델(LLM) 기반의 기술을 실험하고 있습니다.

골드만삭스는 OpenAI의 GPT 기술을 테스트하면서, 리서치 문서 요약과 투자 인사이트 발굴 업무를 자동화하고 있습니다. 실제로 내부에서 사용하는 LLM 기반 시스템은 과거 투자 은행의 핵심 업무 중 하나였던 보고서 작성과 투자 전략 브리핑을 AI가 먼저 초안 작성한 뒤, 인간 애널리스트가 다듬는 방식으로 진화하고 있습니다. AI가 보조자에서 '공동 작업자(Co-Pilot)'로 변화하고 있는 것입니다.

골드만삭스의 변화는 단순히 기술을 쓰는 수준이 아니라, 기술 중심의 금융 회사로 방향을 재정의하는 것에 가깝습니다. 실제로 골드만삭스는 지난 몇 년간 기술 인력 수를 대폭 늘렸고, 사내 엔지니어가 전체 직원의 약 25%를 차지할 정도입니다. 금융이라는 보수적인 업종의 심장부에서도, AI를 통해 일하는 방식의 근본적 변화가 일어나고 있다는 뜻입니다.

넥스트 엔비디아는 이미 존재하는 기업의 새로운 모습

우리는 스포트라이트를 받는 기업만 좇는 경향이 있습니다. 그러나 진짜 AI 시대의 승자는 조용히, 일상 속에서 판을 바꾸는 기업일지도 모릅니다.

존디어, 페라리, 골드만삭스. 분야는 달라도, AI를 단순한 툴이 아닌 '조직의 두뇌'로 받아들이는 기업들에는 공통점이 있습니다. 바로, 'AI를 사용해 본 기업'이 아니라 'AI로 일하는 기업'이 된다는 것입니다. 그리고 이런 기업들이, 우리가 찾는 넥스트 엔비디아가 될지도 모릅니다.

특정 산업만 보지 말고, AI를 잘 활용하는 기업을 찾아보시면 좋겠습니다. AI 수혜주는 우리가 생각하는 것보다 훨씬 더 넓고, 훨씬 더 가까운 곳에 있습니다.

챗GPT를 개발한 OpenAI에 투자하고 싶어요

많은 투자자가 OpenAI의 기술력과 브랜드에 주목하지만, 정작 OpenAI에 직접 투자하는 방법은 제한적입니다. 현재 OpenAI는 비상장 기업으로, 일반 개인 투자자가 주식을 직접 매수하는 것은 사실상 불가능에 가깝습니다. 하지만 그와 관련된 투자 기회를 찾는 것은 가능합니다.

간접적이지만 가장 확실한 방법은 마이크로소프트에 투자하는 것입니다. 마이크로소프트는 OpenAI에 수십억 달러 규모의 전략적 투자를 단행했고, 챗GPT와 같은 서비스는 Azure 클라우드와 깊이 연결되어 제공되고 있습니다. OpenAI의 기술이 실제로 상용화되어 수익을 만들어내는 구조의 중심에 마이크로소프트가 자리하고 있는 것입니다.

운이 좋다면 비상장 벤처 기업에 간접적으로 투자할 기회도 있을 것입니다. 미국에서는 캐시우드가 운영하는 아크인베스트먼트의 벤처 펀드(ARKVX)를 통해 OpenAI와 같은 비상장 기업에 투자할 수 있습니다. (지금은 미국 거주자만 투자할 수 있습니다) 국내 자산 관리사나 플랫폼에서도 일부 고객들에게 OpenAI를 포함한 비상장주식 투자 기회를 제공합니다. 하지만, 이런 기회는 드물고, 투자 규모도 일정 금액 이상이어야 합니다. OpenAI에 투자하고 싶은 마음은 이해하지만, 아직은 비상장주식 투자에 많은 장벽이 있습니다. 상장하기 전까지는 간접 투자에 만족하는 것이 좋습니다.

016

넥스트를 찾는
욕망과 함정

세이렌의 노래, 넥스트의 유혹

그리스 로마 신화 속 세이렌은 아름다운 노래로 선원을 유혹해 바다로 끌어들이는 괴물입니다. 노래에 홀린 선원들은 방향성을 잃고 결국 세이렌의 먹잇감이 됩니다. 그리스 로마 신화에 등장하는 영웅인 오디세우스는 세이렌의 섬을 지나기 전, 선원들에게 명령합니다.

"나를 돛대에 단단히 묶으시오. 내가 풀어달라고 애원하면 더 강하게 묶으시오"

본인은 돛대에 몸을 묶고, 다른 선원들은 세이렌의 노래를 듣지 못하도록 밀랍으로 귀를 막습니다. 그렇게 오디세우스의 배는 무사히 세이렌의 섬을 통과합니다.

주식시장은 이 신화 속 바다 같습니다. "넥스트가 있다", "너도 더 벌 수 있다"라는 말은 세이렌의 노래처럼 우리를 유혹합니다. 원칙 없이 바다에 나선 투자자는 높은 수익률의 환상에 이끌려 무모한 선택을 하게 됩니다.

오디세우스가 세이렌의 섬을 무사히 통과한 것은 강한 의지의 결과가 아닙니다. 유혹에 흔들릴 수밖에 없음을 미리 알고 자신을 묶는 구조를 만든 덕분입니다. 투자도 마찬가지입니다. 시장의 세이렌들이 부르는 노래를 들으면 누구나 유혹에 흔들립니다. 그 노래를 들을 수밖에 없음을 알고 미리 원칙을 만들어야 합니다. 이런 원칙은 단순히 위험을 줄이는 장치가 아니라, 내가 마음대로 하지 못하게 돛대에 묶어두는 밧줄입니다.

안정과 도전 사이에서

시장에는 늘 다음 타자가 있습니다. 뉴스 헤드라인은 '제2의 엔비디아'라는 표현을 주저하지 않고, 유튜브 썸네일에는 '놓치면 후회할 종목 TOP 5'가 반짝입니다. 커뮤니티에 올라온 '내일 급등 예상'이라는 게시글은 클릭하지 않으려 해도 손가락이 먼저 움직입니다. 우리는 본능적으로 새로운 가능성에 끌립니다.

저도 처음 투자할 때부터 지금까지 그 유혹에서 자유로웠던 적은 없습니다. 아무리 좋은 기업을 오래 보유하겠다고 다짐해도 더 높은 수익률을 가져다 줄 '넥스트'의 이름을 들으면 마음이 흔들립니다. 이미 가진 주식에서 수익이 나고 있어도, 다음 걸 찾고 싶은 마음은 쉽게 사라지지 않습니다.

넥스트 엔비디아를 찾는 것은 분명히 가능합니다. 하지만, 투자 실전에서는 아무리 정교한 기준을 세워도 실패할 수 있습니다. 기업의 미래는 예측할 수 없는 변수로 가득합니다. 책, 유튜브, 주식 방송, 증권사 리포트에서는 투자할 만한 후보 기업을 소개합니다. 아름다운 미래를 그리고, 고려해야 할 리스크를 소개하지만, 그 정보만으로 모든 리스크를 알 수는 없습니다.

그렇다고 탐색을 멈추자는 뜻은 아닙니다. 진화 심리학적으로도 인간은 늘 새로운 먹잇감을 찾도록 설계되어 있다고 합니다. 과거에는 새로운 사냥터를 찾지 않으면 생존이 어려웠습니다. 지금은 그 본능이 다음 종목을 찾는 행위로 변형된 것뿐입니다.

AI 기술 중 강화 학습이라는 연구법이 있습니다. AI가 세상을 이해하고, 더 나은 결정을 내리기 위해 학습하는 방법의 하나입니다. 이 학습법은 기존에 AI가 도출한 최적의 방법을 활용하지만, 특정한 비율로 새로운 것을 탐색합니다. 알파고가 바둑을 두는 장면을 떠올려 보세요. 보통은 지금까지 학습한 최고의 수를 두지만 가끔은 새로운 수를 두면서 '신의 한 수'를 향해 갑니다.

여기에는 늘 딜레마가 따라옵니다. 새로운 것을 탐구하며 더 나은 가능성을 찾을 것인가? 아니면 지금까지 알고 있는 것을 활용하며 안정성을 추구할 것인가? AI조차도 이 선택의 균형을 맞추기 위해 끊임없이 계산하고 고민합니다.

우리는 AI보다 더 복잡하고, 훨씬 더 많은 가능성을 가진 존재입니다. 익숙한 길을 가면서도 새로움을 추구해야만 더 나은 기회를 만날 수 있습니다. 문제는 이 비중과 속도를 어떻게 조절할지입니다. 투자에서도 새로운 가능성을 탐구하지 않으면 과거에 머물러 정체될 것이고, 넥스트만 찾아 나선다면 중심을 잃게 될 것입니다.

남을 따라 하는 투자 vs 남에게 맡기는 투자

넥스트를 찾는 마음은 사라지지 않습니다. 그것은 본능이자 생존 전략이기 때문입니다. 문제는 그 본능을 제어할 수 있는 장치를 갖추느냐에 달려 있습니다.

오디세우스가 돛대에 자신을 묶은 것처럼, 우리는 투자 원칙과 실행 규칙이라는 밧줄을 스스로 준비해야 합니다. 투자 금액의 상한선, 매수·매도 기준, 분산 비율 같은 구체적인 규칙 말입니다. 그 규칙이 나를 지키고, 세이렌의 노래 속에서도 배를 목적지로 향하게 만듭니다.

남을 따라 하는 투자와 남에게 맡기는 투자는 다릅니다. 전자는 내 발로 방향을 정하고 남의 발자국을 참고하는 것이고, 후자는 키를 통째로 넘겨주고 끌려다니는 일입니다. 투자는 본인 책임이라는 문구는 경고가 아니라 축복입니다. 그 책임을 받아들이는 순간, 나는 주체적으로 배울 수 있고, 시장은 스승이 됩니다.

넥스트 엔비디아를 찾는 여정은 계속될 것입니다. 하지만 그 여정에서 잃지 말아야 할 것은 다음을 향한 시선보다 지금을 지키는 힘입니다. 그 힘이 있는 투자자만이, 진짜 기회가 왔을 때 돛을 올리고 달릴 수 있습니다.

투자는 나만의 정답을 찾아가는 과정이다

드라마 〈도깨비〉를 보며 인상 깊었던 장면이 있습니다. 도깨비는 위기에 처한 소년을 구하고, 샌드위치를 건네면서 시험문제의 답을 알려줍니다. 하지만, 그는 시험에서 정답을 알면서도 틀린 답을 적습니다. 오랜 시간이 지난 후, 왜 알려준 답을 쓰지 않았냐는 도깨비의 질문에 그는 이렇게 답합니다.

"전 아무리 풀어도 답이 2더라고요. 답을 알아도 여전히요. 그래서 차마 못 적었어요. 그건 제가 풀 수 없는 문제였거든요."

이때 도깨비는 말합니다.

"아니, 넌 아주 잘 풀었다. 너의 삶은 너의 선택만이 정답이다."

투자도 이와 마찬가지입니다. 인생을 주체적으로 살아가는 방식과 닮았습니다. 도깨비가 알려준 정답은 그 소년에게는 답이 아니었습니다. 투자는 정답을 맞히는 수학 시험이 아닙니다.

누군가 무조건 오르는 주식이라고 추천하더라도, 내 판단에 따라 행동해야 합니다. 떨어지더라도 내 판단에 따른 주식을 매수하는 것이 낫습니다. 결국은 그 과정을 통해 나만의 투자를 발견해야 합니다.

투자는 남이 말하는 정답을 따라가는 것이 아니라, 내가 감당할 수 있는 나만의 정답을 찾아가는 과정입니다. 더 높은 수익을 갈망하고, 남과 비교하면 계속해서 불안하고 흔들립니다. 하지만, 내 길을 명확히 설정하면 견딜 수 있습니다.

단기적인 결과보다 일관된 태도가 더 중요합니다. 다른 사람이 아니라 스스로에게 질문해 보세요. 빠르게 기회를 포착하는 사람이든, 조용히 기다리는 시간의 가치를 믿는 사람이든, 당신만의 원칙과 리듬을 찾아야 합니다. 마지막에 웃을 수 있는 투자라면 누가 뭐라고 해도 당신이 써 내려간 해설지가 바로 정답입니다.

구체적인 원칙의 예시, 그리고 손실 계좌 정리하는 용기

투자 금액 상한선: 한 종목에 전체 자산의 10% 이상 투자 금지
매수 기준: 3개월 이상 지켜본 기업만 투자
매도 기준: 20% 하락 시 무조건 손절, 50% 상승 시 절반 매도
분산 규칙: 최소 5개 이상 종목, 3개 이상 섹터 분산

이런 규칙들이 나를 지키고, 세이렌의 노래 속에서도 배를 목적지로 향하게 만듭니다. 하지만, 원칙을 지키지 못하고 손실만 가득한 계좌를 마주한 분들도 있을 겁니다. '왜 이렇게 많이 샀지?' 싶은 종목, '언젠가는 오르겠지' 하며 버티는 주식. 그런 계좌는 새로운 투자를 가로막는 족쇄가 됩니다.

지금이 정리할 때입니다. 회복 가능성이 낮은 종목은 과감히 손절하고 보유 종목을 3개 이하로 압축해 보세요. 무엇보다 새로운 기회를 위한 현금 확보가 중요합니다. 손실을 확정하는 건 패배가 아니라, 다음 승리를 위한 준비입니다.

정리가 너무 어렵다면, 새 계좌를 여는 것도 방법입니다. 과거의 흔적을 그대로 둔 채, 깨끗한 계좌에서 첫 주식을 사고, 포트폴리오를 구축해 나가면서 새로운 원칙을 지키며 투자해 보세요. 기존 계좌는 천천히 정리해도 괜찮습니다.

새롭게 세운 원칙, 그리고 지금의 결단이, AI 시대 투자자로서 진짜 출발점이 될 것입니다.

017

나는 어떤 투자자인가

시장이 요동칠 때, 나는 원숭이가 된다

저는 사회 초년생 때 주식을 직접 사고팔면서 여러 번의 손실을 겪었습니다. 식은땀을 흘리며 기회를 놓칠까 불안한 순간도 여러 번 경험했습니다.

투자 경험이 어느 정도 쌓이고 나서도 그렇습니다. AI 주식이 급등하고 비트코인이 천정부지로 상승했을 때, 너무 빨리 팔기도 하고, 더 좋은 가격을 기다리다가 매수하지 못한 때도 있습니다. 지금 돌이켜보면 매 순간, 스스로 합리적인 의사결정이 가능하다고 생각했던 것이 패착이었습니다.

투자 전문가 강환국 작가는 투자하는 순간 우리는 원숭이가 된다고 말합니다. 시장이 고요할 때, 우리는 이성적인 인간입니다. 나름대로 분석하고 그럴듯한 전략을 세웁니다. 하지만 시장이 예상과 다르게 움직이면 순식간에 상황이 반전됩니다. 갑자기 주변의 말 하나하나에 흔들리고, 정해놓은 원칙마저 잊어버립니다.

시장이 요동치는 그 순간엔 이미 너무 늦습니다. 그때는 냉정한 판단보다 본능적인 반응이 앞서기 때문입니다. 이성적인 결정을 내리기 위해선, 감정이 휘몰아치기 전에 미리 기준을 세워두어야 합니다.

> *"세상에 100퍼센트 상승곡선을 타는 투자는 거의 없다. 폭락 앞에서 멀쩡한 정신을 유지할 수 있는 투자자도 거의 없다. 이러니 우리는 숫자에 기반한 이성적 전략만으로는 버틸 수 없다. 적당히 합리적이고 적당히 감정적인 전략이 더 우세한 이유가 여기에 있다."*
>
> *- 모건 하우절 '돈의 심리학'중*

모건 하우절은 폭락 앞에서 멀쩡한 투자자는 없다고 말합니다. 과거를 돌아보고 수학적으로 완벽한 전략을 짜더라도 예상치 못한 일들이 일어납니다. 아무리 좋은 투자 대상이라도 내가 이해하지 못한 채, 기준과 확신 없이 투자하면 결국 감정의 파도 앞에서 흔들리게 됩니다.

완벽한 전략은 존재하지 않는다

투자의 세계에서는 한 달 동안 정교하게 고안한 아무도 실행하지도 못할 100점짜리 전략보다, 원숭이도 실행할 수 있도록 급조한 60점짜리 전략이 낫습니다.

교과서적으로 완벽하진 않더라도, 꾸준히 실행할 수 있는 전략의 힘은 훨씬 강력합니다. 이 책에서 언급한 투자의 순서대로 따라와도 되고, 시중에 나와 있는 다른 투자 서적을 참고해도 좋습니다. 포트폴리오를 구성하는 것이 어렵다면, 엔비디아·테슬라·팔란티어처럼 이미 시장이 인정한 기업 몇 개를 정해놓고 분할 매수하는 것도 하나의 전략입니다. 안정적인 ETF 한두 개를 정해놓고 매달 같은 금액을 자동으로 사는 방법도 있습니다.

적당히 괜찮은 전략이라면 실행하고, 스스로 되돌아보는 편이 좋습니다. 적당한 전략과 실행력, 그리고 자기 성찰만 있으면 됩니다. 완벽함을 기다리지 마세요.

매달 21일, 월급이 주는 투자 여유

꾸준히 나오는 돈은 힘이 세다는 말 들어보셨나요? 한 번의 수익으로 버는 일확천금은 내 주머니에서 쉽게 빠져나가기 때문입니다.

아내와 경륜장에 놀러 갔다가 수백 배 베팅에 성공한 적이 있습니다. 기대하지 않았던 수십만 원이 생기자, 저와 아내가 한 일은 소비였습니다. 첫 시작은 가볍게 치킨과 맥주였습니다. 그리고 평소라면 망설였을 것들을 주저 없이 샀습니다. 약정이 남은 핸드폰을 바꾸고, 구매를 미뤄둔 것들을 사다 보니 그 달은 평소보다 두 배는 더 썼던 것 같습니다. 하지만, 월급과 야근으로 번 돈은 쉽사리 쓰지 못합니다. 그렇게 모은 돈은 단기간에 불필요한 소비로 쓰기보다는 신중한 판단을 하게 됩니다.

이런 차이는 투자에서도 그대로 나타납니다. 투자 수익은 예측할 수 없습니다. 어떤 달은 수백만 원이 들어오기도 하고, 어떤 달은 오히려 손실이 나기도 합니다. 수익과 손실에만 초점을 맞추면 일정한 투자 습관이 생기기보다는 변동성에 휘둘리게 됩니다.

하지만, 월급으로 하는 투자는 다릅니다. 월급에서 떼어내는 투자금은 더 장기적으로 생각할 수 있습니다. 투자자에게 시장 상황과 관계없이 들어오는 자금이 있다는 것 자체가 큰 힘이 됩니다. 매달 21일이면 어김없이 통장에 들어오는 것을 알기에, 주식이 떨어져도 안정감이 생깁니다.

저는 2025년 상반기에 트럼프의 관세정책으로 시장에 큰 폭락이 왔을 때, 꾸준히 들어올 월급을 믿고 추가 투자를 할 수 있었습니다. 혹시 더 떨어져서 휴지 조각이 되더라도 월급으로 생활할 수 있다는 생각이 저를 더 냉정하게 만들어주었습니다.

제가 전업투자자였다면, 언제 돌아올지 모르는 반등 타이밍을 잡느라 패닉에 빠졌을지도 모릅니다. 투자 수익만 있을 때는 '이번 달도 수익이 날까?' '손실이 나면 어떡하지?' 하는 불안감이 항상 따라다닙니다. 하지만 월급이 있으면 '이번 달 투자 수익이 나빠도 괜찮아. 다음 달에 또 투자할 수 있어'라는 마음의 여유를 갖게 됩니다.

저는 15년 차 투자자로, 직장 경험보다 투자 경험이 더 깁니다. 가끔 높은 투자 수익을 기록할 때도 있지만, 항상 낼 수 있는 수익이 아니라는 것은 너무 잘 압니다. 게다가 제게 직장은 단순히 월급을 주는 수단이 아니라 투자 시스템의 엔진입니다.

동료들과 나누는 대화는 요즘 직장인의 관심사를 알게 해주고, 일을 하면서 산업의 흐름을 파악하려는 노력은 강제로 세상을 공부하게 해줍니다. AI를 내 일에 어떻게 적용할지, AI 산업의 변화가 내 일자리를 어떻게 바꿀지 살펴보면서 배우는 것도 많습니다. 혹시 직장 때문에 투자에 집중하지 못한다고 생각하신다면, 오히려 그 직장이 당신의 투자를 지켜주고 있는 건 아닌지 생각해 보셨으면 좋겠습니다.

스트레스받을 때는 미국 주식을 산다

퇴근길에 한숨이 절로 나오는 날이 있습니다. 잘하려고 했는데 내 의도가 괜한 오해를 산 날. 내 잘못이 아닌 남의 실수 때문에 내가 욕먹는 날. 나 혼자만 일하는 것 같다고 느껴지는 날. 해결하는 업무보다 쌓이는 업무가 많은 날. 회사 일에 치이는 이런 날은 이상하게도 나쁜 충동들이 몰려옵니다. 괜히 모든 걸 그만두고 떠나고 싶은 마음이 들고, 술로 기분을 풀고 싶다는 생각이 스칩니다.

하지만 저는 다른 길을 택합니다. 바로 주식시장으로 향하는 것입니다. 퇴근하고 나면 곧 미국 시장이 열리기 시작합니다. 하루 종일 쌓인 스트레스와 피로가 몰려오는 그 시간, 저는 증권 앱을 열고 쇼핑하듯 주식을 담습니다.

늘 매수하던 엔비디아, 테슬라, 팔란티어로 충족되지 않는 날이면 새로운 주식들을 매수하면서 채웁니다. 요즘 시장에서 주목받는 화제의 주식을 별다른 분석 없이 마구 삽니다. 3배 레버리지 ETF도 문제없습니다. 도파민이 뿜어져 나옵니다. 이때를 위해 현금을 보유한 건 아니지만, 기분이 한결 나아집니다.

심리학에서는 스트레스 상황에서 사람들이 즉각적인 보상을 찾는 경향이 강해진다고 설명합니다. 뇌의 보상 회로가 도파민을 갈구하기 때문입니다. 어떤 사람은 폭식, 어떤 사람은 충동적 소비로 반응합니다. 저는 그 충동을 억누르기보다는 '주식 매수 버튼 누르기'로 표출합니다.

흥미로운 건, 이 행동이 저를 망치지 않는다는 점입니다. 단기적으로는 충동적 매수지만, 제 계좌에는 자산이 남습니다. 스트레스를 풀기 위해 폭음했다면 다음 날 후회만 남았을 것입니다. 그런데 주식을 샀을 때는, 단기적으로 가격이 흔들려도 장기적으로는 자산의 씨앗이 심겨 있습니다.

물론 언제나 옳은 선택을 하는 것은 아닙니다. 스트레스가 클수록 합리적 분석보다 충동적 매매로 손실 가능성이 높아지기 때문입니다. 평소에는 차분하게 계획을 세우던 투자자도, 감정적으로 달아오른 상태에서는 과도한 위험을 감수하기 쉽습니다.

그럼에도 저는 이렇게 말합니다. "저는 스트레스 받을 때 주식을 삽니다." 제게는 이것이 스트레스를 생산적인 에너지로 바꾸는 루틴이 되었습니다. 저는 파괴적인 충동조차 동력으로 바꿔, 제 미래를 키워가는 투자자입니다.

실수와 시행착오가 알려준 것들

처음부터 완벽한 투자자는 없습니다. 아마 죽기 전까지 실수와 시행착오를 계속하게 될 것입니다. 심리가 투자의 본질이라면, 내가 겪은 투자실패에 그 심리가 드러나겠죠? 이 책을 쓰면서 지금까지 제가 했던 실수와 시행착오들을 떠올려 보았습니다.

1. 후회는 최고의 교과서

'이 주식 살걸….' 혹은 '이때 팔걸….' 하고 후회한 적, 아마 모든 투자자에게 있을 겁니다. 하지만 더 중요한 건 그 순간 왜 사지 않았는지, 왜 팔지 못했는지를 돌아보는 일입니다. 그 과정에서 내 투자 전략과 투자 철학을 점검하고 다음을 준비하면 됩니다. 가끔은 사지 않은 주식에 이유를 붙이기도 합니다. 내가 사지 않은 저 주식은 어떤 이유로 분명히 떨어질 거라고요. 저의 경우에는, 팔란티어처럼 관심을 가지고 매수 준비를 해야 하는 주식이었는데도 말입니다. 심리적 방어기제인 '신포도 이론'이 작동했음을 인정하는 것도 배움입니다.

2. 불타기, 물타기

올라서 샀다가 더 올라서 사고, 결국 무너진 경험. 내려서 샀다가 더 내려서, 나도 같이 무너진 경험. 두 가지 모두 필요합니다. 이런 매매의 심리 구조를 몸으로 배운 것이 결국 저를 조심스럽게 만들어주었습니다. 불타기든, 물타기든, 매수하기 전에 정한 원칙만 실행해야 합니다. 그렇지 않으면 잘못된 선택을 합리화하는 루

프에 빠지다가 정말 좋은 투자 기회를 놓치게 됩니다.

3. 백 테스트와 과잉 최적화의 함정

투자 전략을 세우면 백 테스트를 통해 점검해 볼 때가 있습니다. 과거 데이터를 가지고 최적의 조합을 만들어낸 전략. 리스크는 낮고 기대수익률이 높아서 겉으로 완벽해 보입니다. 하지만 실제 시장에서는 너무 허무하게 깨지는 경우가 많습니다. 데이터는 도구일 뿐, 미래를 보장하지 않습니다. 너무 완벽한 전략을 찾으려고 하는 것은 과잉 최적화의 함정에 빠질 우려가 있습니다.

4. 대출은 나를 다른 사람으로 만든다

투자 성과가 잘 나오기 시작할 때, 대출을 내어 투자한 적이 있습니다. 대출이 심리적으로 얼마나 큰 족쇄가 되는지 아시나요? 빚을 내는 순간 나는 다른 사람이 됩니다. 단기적인 수익보다 중요한 건 마음의 평안이라는 걸 실감했던 순간이었습니다. 고정 수익이 사라질 때도 마찬가지입니다. 수입과 지출이 바뀌는 순간 내 심리상태는 달라집니다. 수익을 꾸준히 내는 투자자가 되더라도 전업투자자의 길을 가기 쉽지 않은 이유입니다.

5. 사랑에 빠진 종목

기업이나 특정 시장에 의미를 부여하다가, 손절 타이밍을 놓쳤던 적이 있습니다. 잘못된 믿음이 계속되면 객관적으로 바라보지 못하게 됩니다. 그렇게 다시 상승하리라는 믿음만으로 비자발적 장기투자자가 되는 경우가 많습니다. 투자자는 팬이 아니라 관찰자여야 합니다. 실패가 확실할 때는 과감히 정리하고 다음 챕터로 넘어가야 합니다. 때로는 손실을 확정하는 것이 더 좋은 결과를 가져옵니다.

6. 리딩방과 괴상한 매매법

투자 고수가 찍어주는 종목마다 급등한다는 리딩방에 기웃거리고 싶은 마음이 들 때가 있습니다. 몇 번만 성공하면 투자금이 금방 커질 수 있다는 생각 때문이죠. 투자 커뮤니티에서 유행하는 괴상한 매매법도 있습니다. 이른바 '무한매수법', '아메바법', '기영이 매수법'까지.... 객관적인 상태일 때는 쳐다보지도 않겠지만, 갑자기 이상한 매매법에 홀릴 때가 있습니다. 문제는 그것이 내 원칙이 되면 안 된다는 겁니다. 혹시 관심이 가더라도 재미로만 경험해 보세요.

이렇게 돌고 돌아보니, 제가 배운 것은 하나였습니다.

“투자는 나를 알아가는 일이구나.”

이 모든 시행착오가 없었다면, 저는 지금처럼 수익을 내는 투자자가 되지 못했을 겁니다. 독자 여러분은 어떤가요? 매일 변하는 주가에 아직 흔들리고 있나요?

괜찮습니다. 그건 다음 단계로 가기 위한 통과의례일 뿐입니다. 어디에, 어떻게 투자할 것인지보다 더 중요한 질문은 내가 어떤 투자자인지에 대한 이해입니다. 나는 빠르게 거래하는 스타일일까? 아니면, 천천히 꾸준히 모으는 스타일인가? 기업의 내재가치를 깊이 있게 분석하는 것을 좋아할까? 아니면 트렌드를 빠르게 포착하고 올라타는 것이 나한테 맞을까?

투자를 시작할 때 이런 질문은 식상하게 느껴졌습니다. 하지만 경험을 쌓을수록 이 질문의 중요성을 깨닫게 되었습니다. 스스로 어떤 투자자인지를 명확히 알면, 주변 사람들의 수익에 흔들리지 않게 됩니다. 누군가는 단타로 크게 돈을 벌 수도 있지만, 저는 편안한 속도로 수익을 쌓아가는 것이 더 중요합니다.

그래서 저는 처음 투자를 시작한 사람들에게 이렇게 이야기합니다.

“오히려 손해를 좀 보는 게 좋아. 처음부터 대박이 나지 않기를 바란다.”

작은 돈으로 갑작스럽게 큰 수익을 올리면 자신의 투자 능력을 과신하기 쉽습니다. 반면 작은 돈으로 얻은 작은 실패는 오히려 나를 단단하게 만들어줍니다. 그런 경험을 통해 투자에 익숙해지고, 감정의 파도를 능숙하게 다룰 수 있게 됩니다.

지금 저는 투자할 기업을 찾는 것보다도 어떤 마음가짐으로 투자할지를 더 깊게 고민합니다. 정보는 언제나 넘쳐납니다. 중요한 것은 그 정보 속에서 나 자신을 잃지 않고, 나만의 방식으로 꾸준히 행동하는 것입니다.

투자 TIP

포트폴리오를 지켜내는 습관 - 리밸런싱하기

포트폴리오 투자의 큰 함정 중 하나는 '사놓고 잊어버리기'입니다. 처음에는 주식 70%, 채권 20%, 금 10%로 구성했는데, 몇 년 지나 보니 주식 85%, 채권 9%, 금 6%로 비중이 달라져 있는 경우가 있습니다. 이렇게 포트폴리오를 방치하면 초기에 의도했던 분산 효과가 사라집니다. 이를 방지하려면 주기적으로 비중을 원래대로 맞춰주는 리밸런싱이 필요합니다. 리밸런싱은 단순해 보이지만 심리적으로 어려운 일이기도 합니다. 왜냐하면 오른 것을 팔고 떨어진 것을 사야 하기 때문입니다. 리밸런싱을 한다면 엄청나게 오른 기술주를 팔고 부진했던 가치주나 채권을 사야 하는 시기가 있습니다. 대부분의 사람은 '지금 기술주가 이렇게 잘 오르는데 왜 팔아?'라고 생각했을 겁니다. 하지만 2022년에 기술주가 폭락하고 에너지주가 급등했을 때, 2021년 말에 리밸런싱을 했던 사람들은 큰 손실을 피할 수 있었습니다.

리밸런싱 방법은 크게 두 가지입니다.

1) 정기적인 조정: 매년 1~2회 정기적으로 비중을 조정하는 방법입니다. 보통 12월 말이나 6월 말처럼 날짜를 정해두고 기계적으로 실행합니다. 장점은 감정의 개입을 완전히 차단할 수 있다는 점입니다. 시장 상황과 관계없이 정해진 날짜에 무조건 리밸런싱을 합니다. 제가 아는 한 투자자는 매년 크리스마스이브에 리밸런싱을 합니다. '1년에 한 번, 내 크리스마스 선물로 포트폴리오를 정리한다'라고 말합니다. 이렇게 의미를 부여하면 리밸런싱을 잊어버리지 않고 지속할 수 있습니다.

2)) 목표 비중에 따라 조정: 목표 비중에서 일정 수준 이상 벗어날 때 조정하는 방법입니다. 예를 들어 주식 목표 비중이 70%인데 80%가 되면 리밸런싱을 하는 식입니다. 시점을 정하지 않기 때문에 시장을 지속적으로 모니터링해야 하는 번거로움이 있습니다.

목표 비중에 따른 리밸런싱은 역발상 투자를 자동화해 주는 효과가 있습니다. 오른 자산을 팔고 떨어진 자산을 사는 행위이므로, 자연스럽게 저점 매수, 고점 매도를 실현하게 됩니다. 워런 버핏이 '남들이 탐욕스러울 때 두려워하고, 남들이 두려워할 때 탐욕스러워하라'라고 한 말을 시스템화하는 것입니다.

두 방법 중 어느 것이 좋다고 단정하기는 어렵습니다. 중요한 것은 일관성 있게 실행하는 것입니다. 리밸런싱 규칙을 미리 정해놓으면 심리적 실수를 막을 수 있습니다.

원칙과 루틴 완성하기

일정 금액을 넘어서면 투자 대상보다 더 중요한 것이 투자자로서의 태도입니다. 이제는 단순히 훈련 단계가 아니라, 실질적인 자산 관리의 단계로 들어섭니다.

여기서부터는 무엇을 살까보다는 어떻게 지킬까, 어떤 습관으로 반복할까가 더 중요합니다. 핵심은 세 가지입니다.

1) 루틴을 정해 자동화하기

월별·분기별 정기 매수, 포트폴리오 리밸런싱을 자동화해 보세요. 더 이상 시장의 잡음에 흔들리지 않고, 정해진 루틴에 따라 꾸준히 움직입니다.

2) 원칙을 문서화하기

내가 어떤 상황에서도 지킬 투자 규칙을 선언문처럼 적어보세요. 예를 들면, '빚내서 투자하지 않는다', '1년에 1번 이상 전체 포트폴리오를 점검한다.' 등이 있습니다.

3) 심리 관리와 기록 습관

수익률보다 '내가 얼마나 흔들리지 않았는가?'를 기록하세요. 투자 일기를 쓰거나, 매 분기 감정 변화를 적는 것만으로도 큰 도움이 됩니다.

이 책에서 제안하는 로드맵 5단계는 마지막 단계가 아닙니다. 초보 투자자의 훈련 과정을 마치고, 진짜 투자자로 살아가는 출발점입니다. 긴 투자 여정에서는 한두 번 종목 선택의 차이와 수익률은 성과를 가르지 않습니다. 그보다는 시행착오를 겪으며 세운 원칙과 루틴이 내가 담을 수 있는 자산 그릇의 크기를 결정합니다. AI 패러다임이

:: **투자 로드맵 1~5단계**

1단계: 시작
1개의 AI 기업 매수
핵심 행동: 한 주라도 사보기, 감정의 흐름 관찰하기

2단계: 확장
AI 기업 투자 종목 늘리기
핵심 행동: 분산, 집중, 우선순위 실험해보기

3단계: 균형
나만의 포트폴리오 만들기
핵심 행동: AI 주식 + ETF + 채권 + 금 조합하기

4단계: 전략화
코어–위성 전략 실행하기
핵심행동: 코어(확신) 80% + 위성(실험) 20% 전략 설계하기

5단계: 내재화
투자 원칙과 루틴 완성하기
핵심 행동: 자동매수, 리밸런싱, 투자일기

어떤 방향으로 흘러가든, 이 습관만 잃지 않는다면 당신은 투자자로서 오래 살아남을 수 있습니다.

이제, 당신만의 투자 선언문을 만들어보세요. 그 안에 있는 문장들이, 언제든 당신을 다시 제자리로 데려다줄 것입니다.

당신만의 투자 선언문을 만들어 보세요

저에게 투자는 탐험 같았습니다. 좋은 기회를 잡아서 큰 수익을 냈을 때도 있지만, 급한 성공은 자만을 불러왔습니다. 투자 기회를 눈앞에서 놓치면 아쉬움에 잠이 오지 않은 날도 많았습니다.

"빨리 부자가 되려면 빨리 부자가 되려고 하면 안 된다."

김승호 회장의 〈돈의 속성〉에서 가장 인상 깊었던 문장입니다. 저는 이 문장을 떠올릴 때마다 자만을 경계하고, 조급함을 털어버릴 수 있었습니다. 투자할 때마다 흔들리는 저의 중심을 가장 잘 잡아주는 이 말을 저의 투자 선언문으로 삼고, 김승호 회장의 태도를 배우려고 노력하고 있습니다.

그의 책을 보면, 맨해튼 메이시 백화점 앞에서 작은 동전을 주우면서 '돈의 씨앗'이라고 표현하는 에피소드가 있습니다. 매 순간 엄청난 돈을 다루는 그에게는 아주 비효율적인 일이었겠지만, 돈을 대하는 그의 태도가 제게는 많은 가르침을 주었습니다. 우리가 무심코 지나치는 작고 사소한 돈은, 그것을 어떻게 바라보느냐에 따라 엄청난 가치를 가질 수 있습니다.

저는 돈의 씨앗을 심고, 키우면서, 천천히, 하지만 확실하게 부자가 되는 길을 선택하겠다고 다짐했습니다. 사소한 습관이지만, 그 마음을 기억하기 위해 매일 앱테크로 10원, 20원이라도 모읍니다. 투자 수익이 수백만 원씩 오르내리는 날에도, 앱에 접속해 작은 보상을 챙깁니다.

그렇게 한 달 동안 모은 돈을 보면서 생각합니다. '앱에서 몇 달을 모아야 치킨 한 마리 사 먹겠구나.' 저는 그 순간, 도파민에 취한 과감한 투자자가 아닌, 생존을 지향하는 안전한 투자자가 됩니다. 작은 돈을 소중히 여기는 습관이 투자의 리듬까지 바꾸는 것입니다.

티끌을 모으는 훈련이 되어 있어야, 돈이 쏟아질 때 그 돈을 온전히 담아낼 수 있습니다. 돈의 크기나 수익률이 아니라, 돈을 대하는 태도가 저를 부자로 만들어줄 것이라고 믿습니다.

이 글을 읽는 당신은 어떤 투자자인가요? 당신의 투자 여정에는 어떤 실수들이 있었나요? 어떤 선택이 당신을 성장시켰나요? 지금까지의 모든 흔들림은 앞으로 당신이 더욱 단단해질 수 있는 자산입니다.

혹시 이 책을 끝까지 읽을 때까지도 아직 투자를 시작하지 않으신 분이 있나요? 괜찮습니다. 투자에 지각은 없습니다. 그동안 투자를 하지 않았던 이유가 있다면, 내가 오해하지 않았는지 다시 한번 생각해 보시면 좋겠습니다. 내 삶을 바꿀 수 있는 최고의 순간은 바로 지금입니다. 오늘 시작한 작은 투자 습관이 당신을 성공한 투자자로 만들어줄 것입니다.

이 책이 여러분의 투자 여정을 시작하게 해줄 출발점이었다면 더없는 영광일 것입니다. AI라는 바람을 타고 새로운 시대로 출항하기를 진심으로 응원합니다.

동반자와 함께 걷기

저는 이 길을 아내와 함께 걷습니다. 가는 길이 멀다는 것을 알기에 혼자서 몰래 하는 투자는 하지 않습니다. 결혼 후에도 통장은 따로 쓰지만, 분기마다 아내와 재무 점검 미팅을 정기적으로 갖습니다.

자산별 투자 비중, 부채 비율, 현금 비율을 꼼꼼히 점검하고, 지난 분기의 지출과 수익을 함께 되돌아봅니다. 그리고 다음 분기의 투자 방향을 논의합니다. 숫자뿐 아니라 최근 읽은 뉴스와 시장의 흐름에 대한 의견도 나누고, 앞으로 예상되는 시나리오를 그려보며 추가 매수를 할지 보수적으로 대응할지 결정합니다.

이런 정기적인 루틴은 단순한 자산 관리 이상의 의미를 갖습니다. 투자 원칙을 재확인하고 감정적인 결정을 예방하는 중요한 시간입니다. 혼자라면 쉽게 놓칠 수 있는 충동적인 판단도 둘이서 함께 점검하면 훨씬 더 냉정하고 견고한 결정이 가능해집니다.

투자는 단기 수익을 좇는 게임이 아니라 철학을 만들고, 감정을 관리하며, 시간을 견디는 과정입니다. 어려운 길을 함께 걷고 있는 아내에게, 이 책을 통해 함께 걸어주어서 고맙다는 말을 꼭 전하고 싶습니다.